「新書」から考える
公務員の地域創生力
― 公共の仕事の視点を変える力 ―

三宅 正伸 著

発行　市民科学研究所
発売　晃洋書房

はじめに

　2013 年 12 月に『「新書」から学ぶ公務員の教養力―公共の仕事の流儀を変える力―』（市民科学研究所発行・晃洋書房発売）を上梓しましたところ、幸いにもご意見などを賜ることができ、翌年に第二刷まで出すことができました。公務員に必要なことはその場限りの知識やスキルではなく、文脈を読むことができる教養力です。もしも公務員試験用の知識やスキルだけによって採用試験を突破するようなことがあれば、採用後に公務員の意味を問う壁に突き当たって悩むことになりますと、自らの経験談を踏まえて書いたものでした。公共性と社会性は接近する傾向にありますが、その場合の公共の仕事とは公務員が担当する公務と言われるものだけでなく、あらゆる分野の仕事においての社会性を自らの意思にて考えることができるならば、公共の福祉という難解な語句に少しでも近づくことができるものと思います。社会性とは公務員が指導するものでもなく、その地域社会において各人が共生を考えることにより公共的になります。それがために公務員は地域社会における市民活動の支援に徹するべきですというような趣旨の文脈でした。皮肉にも公務員試験用に購入された読者の期待にも応えられる内容だったのかと自問した次第です。

　別段、公務員だけを対象に書いたわけでもありませんが、お読みになられた方の中では公務員志望者が多かったと思います。教員志望の方とお見受けしましたが、一生涯の仕事として公務員を選択する上においての教養力は責任でもありますという意見が印象的でした。また、紹介された新書を読めば教養力が必ずつくというものでもありませんが、教養の感じられない形式主義に、保身に走る公務員だけにはなりたくありませんという現役公務員の意見もありました。それぞれが問題意識を有して「まちづくり」「ひとづくり」「ことおこし」に当たられたならば、行政が地域住民を管理することによる相互不信は払拭されるものと考えられます。前書は公務員になるための心構えのようなことを書きましたが、本当に書きたかったことは今回のように地域のことは地域住民に任せられる「ひとづくり」「ことおこし」の支援を公務員が担わないと、誰が担うのかということです。

2009年に政権交代を果たした民主党政権においては「新しい公共」が政策課題とされました。その後の自公政権ではポスト安倍の石破茂氏を地方創生担当大臣に任命するなど、「地方創生」なる語句がマスコミでも多く取り上げられることとなります。この二つには共通性があります。今までは政府が担っていた公共性ある仕事を地域で賄うことはできませんかという問いかけです。平たく言えば、行政はお金がないので地域に肩代わりしていただけませんかという文脈です。もしそのとおりならば、そのことを担当する公務員の地域に対する本気度が問われます。しかも公務員自身がその仕事での主役となるようでは、地域住民を脇役に留めて置く従来のやり方と変わることはありません。その結果として、地域住民と自治体との相互不信が助長されるだけとなります。「新しい公共」や「地方創生」の主人公は地域住民で、自治体職員はあくまでも裏方でないと、上手く行って「行政依存」、悪くなれば「やらされ感」の増幅ということになります。そのようになるぐらいならば、地域に金額を提示して自由に使用してくださいとお願いするほうがましと思われます。むしろ「カネは出すが口は出さない」方式こそが自治なのかもしれません。

　生まれも育ちも京都であるため、たとえ話として京都のことがあちこちと顔を出しますが、京都の社会文化を愛する筆者に免じてご容赦をお願い申し上げます。

2017年3月

三宅　正伸

目　次

はじめに

序章　学生との同僚性において地域に学ぶ ・・・・・・・・・・1

また、なぜこれを書くのか（1）

地域とはどこまでを言うのか（2）

京都とはどこのこと（3）

地域性と共同性（5）

学生との協働（7）

第Ⅰ章　公務員に必要な地域創生基礎知識 ・・・・・・・・・9

1．社会的弱者を考える－宇沢弘文『自動車の社会的費用』岩波新書（9）

2．共生とは何か－内橋克人『共生の大地』岩波新書（11）

3．都市とは不思議な存在－上田篤『都市と日本人』岩波新書（13）

4．都市の解釈－田村明『まちづくりと景観』岩波新書（16）

5．「奪い合い」より「分かち合い」

　　－神野直彦『「分かち合い」の経済学』岩波新書（17）

6．里山が資本になるか

　　－藻谷浩介・NHK広島取材班『里山資本主義』角川oneテーマ21（19）

第Ⅱ章　人口減少で地域は本当に消滅するのか ・・・・・・・22

7．「選択と集中」とは何を意味するのか－増田寛也『地方消滅』中公新書（22）

8．淘汰と排除に対して－山下祐介『地方消滅の罠』ちくま新書（24）

9．自治体が自治体でなくなる－田村秀『自治体崩壊』イースト新書（26）

10．農山村は衰退しても消滅しない

　　－小田切徳美『農山村は消滅しない』岩波新書（28）

11．地域の永続企業を育成

　　－吉田正博『「消えない都市」の条件』幻冬舎ルネッサンス新書（30）

第Ⅲ章　人口減少でどういうことが起こるか ・・・・・・・・33

12．事実としての人口減少

　　－松谷明彦・藤正巖『人口減少社会の設計』中公新書（33）

iii

１３．縮小は賢い衰退－矢作弘『「都市縮小」の時代』角川 one テーマ 21 (35)

１４．若者に住宅政策を－平山洋介『**住宅政策のどこが問題か**』光文社新書 (38)

１５．ゴミになった空き家でゴミのまちが

　　　　－牧野知弘『**空き家問題**』祥伝社新書 (40)

１６．買い物弱者を生み出したのは誰か

　　　　－杉田聡『「**買い物難民**」をなくせ！』中公新書ラクレ (42)

１７．都市から生み出される貧困ビジネス

　　　　－長岡美代『**介護ビジネスの罠**』講談社現代新書 (45)

１８．若者の反乱－鈴木大介『**老人喰い**』ちくま新書 (47)

第Ⅳ章　人口減少社会への対応　・・・・・・・・・・・・・・50

１９．行政の「お客さん」化の果てに

　　　　－山崎亮『**コミュニティデザインの時代**』中公新書 (50)

２０．都市と都会の違い－阿部真大『**地方にこもる若者たち**』朝日新書 (53)

第Ⅴ章　本当の地域創生にはどうすればよいか　・・・・・・・56

２１．地方の勝ち組と負け組の選択

　　　　－山下祐介・金井利之『**地方創生の正体**』ちくま新書 (56)

２２．公共交通を考える－宇都宮浄人『**地域再生の戦略**』ちくま新書 (59)

２３．寄り合いの効果－山浦晴男『**地域再生入門**』ちくま新書 (61)

２４．具体的にどうすれば地域再生するか

　　　　－飯田泰之・木下斉・川崎一泰・入山章栄・林直樹・熊谷俊人

　　　『**地域再生の失敗学**』光文社新書 (63)

２５．まちのえんがわ近助力－延藤安弘『**まち再生の術語集**』岩波新書 (65)

終章　地域創生のどこに問題があるのか　・・・・・・・・・・・68

コミュニティとアソシエーションの違い (68)

コンパクトシティでよいのか (70)

地域は競争しなければならないか (74)

地域をマネジメントする (76)

地域創生のまとめにならない「まとめ」をすると (79)

あとがき (84)

序章　学生との同僚性において地域に学ぶ

また、なぜこれを書くのか

　私は学生と教員は研究教育における同僚と考えています。学生にも研究教育活動における何らかの反対給付があっても然りとも考えています。同僚でありながら私は給料をいただき、学生はその給料の源泉となる授業料を納めています。しかも学生は無給のため生活費も自己負担です。教育という名の**大衆収奪**（公費負担すべきものを受益者負担により多くの人々から徴収すること）においては、四年間で 1,000 万円以上の借金人間を作ってしまいます。また、その研究教育活動の反対給付が卒業に必要な単位獲得ということなどは、まさに研究教育の**商品化**（営利化された市場における売買価格が認められること）そのものと言えます。とは言いながら、学生にとって「楽勝」科目を提供している立場からは反省をするばかりです。学生には地域創生における地域そのものを学んでほしいと考えていますが、学生のレポートを読んでいますとフィールドワークの経験談そのものです。それでもレポートが書けるだけましであるとも考えられます。ある地域のフィールドワークを通じて、学生自らが何かに気づくことを期待して今日も研究教育を続けています。その辺のことを、自ら公務員であったことや教員であったことを踏まえて書き続けていきます。

　なお、この本には前書（『「新書」から学ぶ公務員の教養力』）同様に注記はありません。注記を読むことで文脈が途切れることを避けるためです。**太字**で表示した語句には説明を入れました。後に辞書やインターネットで確認されることをお奨めします。また、掲載した新書の紹介本でも書評でもありません。筆者なりの各新書の核心と思われる内容の独自解釈の書です。各新書の著者からは誤読とお叱りを受ける部分もあるかと思いますし、読者からは筆者のようには理解していないとの意見をいただければ幸甚です。筆者は批判力こそが教養力と考えています。なぜならば、「この解釈はおかしい」と考

えるところから新書を題材にした議論が始まるからです。考え方に対する議論のないところに批判はありません。そうなると無条件に内容を追認するだけの権威主義に陥ります。「内容を一字一句読み切ることよりも文脈を解せる力こそを、特に公務員は必要としています」と前書では言い切っています。

地域とはどこまでを言うのか

「どこにお住まいですか」と聞かれますと、どのように答えるでしょうか。筆者は「京都です」と答えます。「いいところですね」と言われて「ありがとうございます」と続くと、何か変であることに気がつきます。問いかけた人と筆者との京都に対するイメージが相違している場合があるからです。筆者は「東京」と聞くと、何か都会的な洗練されたイメージを抱きます。「大阪」はその逆に**ベタな**（ありふれた、みえみえの）イメージです。「神戸」はハイカラなイメージと考えますが、そうではないと考える人が存在するのが当たり前です。「京都」に対しては高級和風のイメージを商品化しようと考えることは自由なのですが、行政などがそのようなイメージでないと不可などと口出しすることは不自由になります。もともと「京都」などは**田の字**（烏丸通と四条通を軸に御池通・堀川通・五条通・河原町通で囲まれた地域で、その餡子との表現をします）の旧市街地だけを示すものでもなく、舞鶴市や福知山市、さらに南山城村も「京都」と称する権利を有しているのです。

ある自治体の公務員試験では筆記試験をクリアすれば面接試験となります。筆記で落ちるのはある種のあきらめも可能ですが、面接で落とされることには納得が行かない場合がほとんどです。面接した側も落とした理由などを説明できるものではなく、「仲間として迎えるには資質に問題がある」なんてところでしょう。それではその資質とは何でしょうか。面接官のイメージだけが頼りで、小学生の作文の入選作品審査と同様です。そのことが法廷に持ち込まれるようなことになれば、後出しで理屈を整えるものと考えられますが、受験者にはたまったものではありません。また、公務員試験における採点については非公開なため、不利益を被ったと告訴することすらできません。仮に採点者が恣意的な評価をしたとしても、それを証明することができないシステムのため、受験者にはなぜ不合格なのかが不明のままに残ることとなります。

面接官は必ず「本自治体を受験された理由は？」と質問をします。そこで

他の受験者との差別化が必要となります。その自治体が抱えている政策課題などを答えることは、誰でも知識さえあればできます。しかし、その自治体のある地域をフィールドワークして、その地域の独特な人と人とのつながりなどを披露することなどは誰にでもできることではありません。後は面接官がそのことを評価するかどうかであって、これも受験者に責任はありませんが、確実に他の受験者と相違した答えができるのです。また、いわゆる「ご当地問題」といわれる質問にも自信を持って答えることが可能となります。

　そこで「地域とは」と問いかける問題に戻ります。人体に例えれば、地域にも機能としての手や足があります。手の器用な人や足の速い人が存在することと同じです。手としての機能、足としての機能は地域にとっては同じなのです。顔の中でも目や鼻、そして口としての機能は同じなのですが、各人を認識できるように配置や形状が微妙に違っています。これこそが地域性として「京都」と「宇治」を分けるところとなります。東山があって「京都」と「山科」は違うこととなります。地続きであっても「京都」と「嵯峨」は差をつけられているという新書がベストセラーにもなっています。「京都」と「嵯峨」の違いはそこに住み続けている者の心や頭に棲み続けています。

　地域を再び人体にたとえて、外に見える手足や顔は理解しやすいのですが、見えないところの地域の心臓や頭脳に該当する部分を特定の集団や固定的な考えで抑えられてしまえば、それは経済的消費によって利潤を得る営利活動の文化的下地となってしまいます。それを意識させる観光と称する産業はそこに住み続けている者にとっては、必ずしも**付加価値**（従来の価値を使用して新しい価値を創り出すこと）とはならないと考えられます。観光のための「まち美化」を呼びかけたとしても、そこに住み続けている人にとっては観光客は「まち美化」を乱す迷惑な存在です。ただし、観光客が住民の税負担を肩代わりしてくれるようならば我慢の範疇ですが、それでは肝心の観光客は来ないものと考えられます。地域という共同体にとっては観光客などは「よそ者」であって、観光客の言う「京都」と地域住民の考える「京都」はその範囲や質的な解釈も相違していて当然のことなのです。地域住民とはその地域で生活している共同性に基づく概念と考えます。

京都とはどこのこと

　住民アンケートを実施したならば、住民が負担している税金を観光客のた

めに支出することについて、その優先順位は必ずしも高いものではないと考えます。今住んでいる地域環境が少しでも良くなるために税金を使ってもらいたいと考えることが当たり前の論理といえます。自らの所有地についてはプライベートに環境美化に努めることができますが、道路や公園といったコモンスペースはパブリックな領分であって、それがために税負担していると主張することは必ずしも的外れなものではありません。そして、コモンスペースは地域の共有地と考えるならばそこに共同性が生まれます。毎朝、家の前の「**カド掃き**（京都では路地裏に対して表通りをカドと言います）・**打ち水**（家の前の植栽や道に水を撒くこと）」をしている人にはその気負いがなく、家の前のコモンスペースだけでも美化できているならば、当事者の考える地域全体の環境美化につながるという「つきあい」の共同性の中に住んでいたのです。道路が町内のコモンスペースであった時代には、雨天日以外は「下からの」強制力に駆られることとなっていました。また、舗装される以前の道路では自動車に小石が飛ばされてガラスが割れないようにするという効用も「カド掃き」にはあって、「打ち水」は夏の日の朝顔への水遣りのついでであってもひと時の水冷効果が認められました。

　地域性とは共同性とも考えられます。**経営資源**（一般的にはヒト・モノ・カネ・情報のことであるが、該当のところで独特な文化風土も含まれると考えられます）を循環できる地域は共同体と考えられます。先述の「カド掃き・打ち水」などは自発的な強制力を有した地域の文化風土と考えることができます。しかも、それを行うことが地域の**衛生掃除**（年に一回義務的に行われた大掃除。各戸が畳を路上に出していると、町内の役員が実施済みの証紙を配っていたのを覚えています）のように上から義務付けられたものでもなかったのが特徴的です。

　田の字の中の京都市内は**両側町**（道を挟んで両側が同じ町内）のため、道路は細長い公園もしくは集会場でした。それがために道路拡幅などをすれば、四条通のように北側に中京区でなくて下京区が存在することになります。つまり、人工的な行政区分などは地域を分ける目安かもしれませんが、絶対的な地域性とは考えられません。同じ町内会の構成員は地域の共同体を形成することが容易に想像できます。この共同性こそが地域性と考えられます。先述の「カド掃き・打ち水」では、親切であっても隣の家の前は遠慮します。隣人が負い目を感じることを防ぐ文化風土が備わっています。そのような隣

を意識する文化風土がないと、隣人は翌日の早朝に「カド掃き・打ち水」を行い、「昨日はありがとう。ついでにやっときました」ということで対等な関係に戻そうとします。どうしても隣の前が汚れていて美化しなくてはならない場合は、「ごめんね。ついでにやってしまいました」と謝ります。「こちらこそ、いつも汚くしてすいません」との会話になりますが、その真意は「いつも汚くして困る」「余計なお世話」「常識のない人」「隣こそ変わった人」と、恐ろしい論戦が隠されているのです。

　新興住宅の地域では同質性と個性が混在していますが、「カド掃き・打ち水」の地域での個性的な言動が許されるのは「先生」とよばれる人だけと考えられます。しかしその「先生」は、一般的には地域での義務的共同性を免除される代わりに分相応の寄付をしていたような記憶があります。新興住宅では「先生」も同じ義務負担で同じ権利を有しているため、地域の共同性をリードする「先生」も出現します。一方、「カド掃き・打ち水」の地域では変わっているから「先生」であって、そのような「先生」が間違って町内会の役員などになれば混乱するだけです。この混乱は町内会では認められないものなのですが、新興住宅の自治会では混乱こそが新しい何かを生むことができるのです。その自治会も世間を気にするようになって町内会化しているのが現状で、個性的な人は自治会を必要としませんし、自治会を必要としている行政が同質性による秩序を求めて自治会加入キャンペーンを行っている有様です。「カド掃き・打ち水」の地域が「京都らしい」地域であることを否定しませんが、それでは「京都らしい」とは何であるかの大問題を抱えることになります。とにかく「京都人」と考える京都人はそこに棲息しているのではなく住んで生活をしています。それゆえにその地域独特の習慣や掟が生じて、それが常識化します。

地域性と共同性

　地域創生と言うときの「地域とは」を京都にたとえて考えてみましたが、その「地域性とは」を何かでアプローチしてみましょう。行政単位といった人為的なもので地域性が説明できるのは、まず「京都」があって、それを行政名に乗せただけの本末転倒の論理と考えられます。その地域の人々が共通認識として「京都」と考えている地域の駅名を京都と称することに疑問を感じる人は少ないと思います。しかしながら、JR の京都駅から大阪方面への二

つ目の駅である「桂川」は地名の久世が括弧書きになっています。洛西ニュータウンの北側にある開発地域は地名が山田であるのに桂坂と名づけました。つまり、駅名などは地名とは関係なく機能的にＡ１１などと称することは外国人観光客にとって便利なのかもしれませんが、社会文化創造の観点からは慎重にならざるを得ないのです。しかしながら、以前から「京都」と称する人が多く存在するところに「京都市」とかいう行政名をつけたことも間違いの無いことと考えられます。結局のところ、多くの人が「京都」と信じているところが「京都」という地域なのですが、それを地域性と表現するならば、共同性という言葉がクローズアップされてきます。

　共同性とはそれなりに「ヒト・モノ・カネ」の地域資源が循環しているところで、その地域独特な文化風土を伴います。そのような文化があるから地域と称することができると考えることも間違いではありません。そのような文化が支配しているところで地域分けをしようと考えると、その文化自体への論及が必要となります。空間的広がりの中で文化的な境界線など引けるわけがありませんが、海や山河で隔てられたところが境界線となることが妥当なところと考えられています。その自然環境や経済的・文化的環境の違いによって意識も変わってきます。その意識こそが共同性なのです。具体的によく述べられているのはユイ・モヤイ・テツダイです。ユイは双方向な**互酬的**（お互いに利益を交換して、結果的にプラス・マイナス・ゼロになる）な共同性で、かつての農村における田植えをイメージしてください。労役を双方が出し合って金銭的な受け渡しはありません。先述の「カド掃き・打ち水」で例えれば、向こう三軒両隣が各自の決まった曜日に当番のように実行しているようなものです。今でも新興住宅街では家庭ごみ回収日のカラス避けネットの後片付け当番のような形で存在しています。これに対してモヤイは双方向ながら**再分配**（利益を共有にして分配する）の伴う共同性です。共有地の溝掃除や草刈などをイメージしてください。何らかの役割を担って利益を得ることができます。前述のカラス避けネットの後片付けで例えれば、高齢のために力仕事のできない世帯がその代わりに近所の子どもの勉強の面倒をみるようなことですが、このようになるためには隣組というＮＰＯが高度に機能しなくては対等の関係とはなりません。テツダイは一方的な援助行為で金銭的な決済で交換という対等関係になることが見受けられます。しかしながら、高齢者世帯に対する屋根の雪下ろしや通路の雪かきなどは金銭的報酬

を目的として行うようなものではありません。公助としての介護保険制度にて適用外の裏庭の草刈などを、ＮＰＯの「有償ボランティア」にて助け合う行為などは当事者の感謝の気持ちがなければ成立しません。

これらの共同性が機能するには、経営資源としての「ヒト・モノ・カネ」の合理性を有する交換よりも、強制力を有する自発性の共同体としての非合理的な規範としての感謝の気持ち、またはその逆の大きなお世話を受け入れる包容力が前提になることは言うまでもありません。また、金銭的交換を大きくしてＧＤＰ（Gross Domestic Product 国内総生産）拡大に貢献しようというものでもなく、その逆でも地域を豊かにすることができます。これらの共同性に関してはその地域独特な文化風土が地域性と称されることに異論はありませんし、共同性の事業より先に人と人との関係性がなければ成立しません。

学生との協働

若い学生のことなど考えずに高齢者の住みやすいまちづくりで十分との意見もありますが、次の高齢者予備軍、そしてその予備軍が存在しないまちなどは「ゴーストタウン」化します。それが「地方消滅」などと言われています。消滅すると煽るよりも、あらゆる世代や職業、そして所得階層の人々が存在してのまちづくりを考えるべきと思います。そうでないと、「オールドタウン」は、社会的弱者を優先的に入居させようとした当然のドライブが行政施策として働いて、結果的に独居の高齢者が多くなった災害時における仮設住宅群と同じではないかと考えられます。つまり、高齢者の利便性のみを考えた巨大な**サービス付き高齢者向け住宅**（医療や介護と連携した高齢者向けのサービスができる、高齢者が住むマンションなどの総称）群がまちと呼べるのかの疑問です。日常的な買い物ができる商業施設があり、病院など医療機関が近接し、公共機関が集積している地域は便利ですし、その地域から一歩も出なくても不自由がないコンパクトさは、極言すれば超高層ビルにすべてを収容した監獄と変わりないと思えるのです。それが「選択と集中」がなされた平面的な地域であっても、**テリトリー**（territory 縄張り）がある不自由の中の自由ではないかと考えます。学生と協働しての参与観察によって学ぶ意味は、若い学生にそのような緊急避難的なまちづくりが正解なのかを考えてもらうことにあると思います。つまり、学生が教員と一緒になって報告

集を作成することなどは結果であって成果ではないと考えます。学生は参与観察における体験で「楽しかった」とか「きつかった」と表現しますが、なぜ楽しかったのか、なぜきつかったのかの気づきがなくては学んだことにはならないと考えます。それなくして体験だけを強制したり、評価するようなことでは、学ぶことが本末転倒になっていると考えられます。教員は学生に単位を取らせるために教育しているのではありませんし、それでよいと考えるならば、教育の商品化を甘受したことになります。

　学生とともに地域性とその素となる共同性を体験により学ぶ意味は、教員にとっては学生と学ぶことによりお互いの主体性を確立し、学生からの刺激によって気づくことであると考えています。私自身も学生とともに行動したことによって様々な「ひらめき」がありました。この「ひらめき」を起こすところを３Ｂ（Bath・Bus・Bed　風呂・バス・寝床）とか言いますが、私にとっては学生とともに体験しているところでの「ひらめき」が重要でした。研究は一人でもできますが、教育には学生が必要です。また、研究のための「ひらめき」には学生を欠かすことができません。教員にとっては身勝手なことかもしれませんが、この「ひらめき」のために学生を教育研究の同僚として考えてきましたし、あるときは学生と教員の立場が逆転することもありました。事実、学生から多くのことを学ぶことがあって感謝しています。

　フィールドワークをした学生が「オールドタウン」から「ゴーストタウン」化に向かう課題をかかえた地域に一人でも住みつくようになれば、そして問題意識を有してその解決に真摯に取り組むようになれば、「まちづくり」「ひとづくり」「ことおこし」の担い手となってくれるものと確信します。また、そのような学生が公務員となって地域創生に取り組んでくれるならば、この同僚性の名のもとに行った教育研究は使命を果たしたものと考えられます。学生との協働とはそのような人材の育成を担う地域の大学の使命でもあります。

　公務員、公務員になろうと考えている読者にとって、知識として読んでおかなくてはならない地域創生に関する新書を掲載していますが、一般社会人や学生にとっても必要な知識と考えています。本書は前書同様に、対象の新書を私にとって都合のよい解釈ばかりをしています。著者から誤読とお叱りを受けるところもあるかと思います。読者の皆様も私の稚拙で著者に失礼な「読後感想」に批判をしていただければ幸いと考えます。

第Ⅰ章　公務員に必要な地域創生基礎知識

　公務員は公共の利益のために勤務する全体の奉仕者ですが、決して納税者の下僕ではありません。と言うことは、納税者が道を誤ることがあれば、それを正す役割も担っているわけです。民意の反映は選挙の洗礼を受けた政治家だけの独占物ではないと考えます。公務員としての見識が市民社会を創っていきます。政治家である首長が誤った道に導こうとするならば、それを諫言する力が必要です。地域創生に関しても同様に、政治家以上の知識を公務員は必要としています。政治家の選挙のために大衆が煽られることをポピュリズムと称しますが、これに対抗する力を公務員は蓄えていなければなりません。地域創生の基礎となる知識を新書から学びます。

１．社会的弱者を考える
― 宇沢弘文『自動車の社会的費用』岩波新書、1974 年 6 月
【キーワード】社会的費用・市民的自由・環境破壊・社会的弱者・社会共通資本・私権の規制

　名著中の名著と考えられる本書を読み返してみますと、著者の 40 年前の怒りが伝わってくるようです。現代社会における自動車使用は利便性そのもので、自動車なしては生活できない地域も存在します。社会的弱者にとっては自動車が車椅子代わりとなっていて、まさに死活問題となっています。しかも、購入する代金よりも大きい利便性が認められますし、自動車台数は増加する一方と考えられます。それとともに、交通事故や環境破壊というかたちになって社会的費用も増加します。いずれも、健康や安全歩行といった市民の基本的人権を侵害していますし、それに対する費用負担はただ乗り状態と考えられます。

　現代では自動車使用者のみならず社会を構成する人々に税としての負担が生じているので、自動車の利便性によって受益する金額的なものよりも低い

個人負担で所有できるのです。近代の市民的自由は、他人の自由を侵害しないかぎりにおいて認められるものでありますが、自動車使用は明らかに他人の市民的自由を侵害しているのを承知で、あえて自らの私的な便益のために自動車使用を行っていると考えられます。自動車はガン細胞と同じで、経済社会自体も破壊する性格を有していますが、いろいろと転移して手遅れとなっていても、それに対する処置が十分ではない状態と言えます。

　すでに、交通事故や環境破壊による不可逆的被害の当事者として、また犯罪での使用の増加ということに気が付いていても、自動車が経済社会で有用な働きを担っているために、この有害な面だけを切り離すことが無理な状態となっているのです。自家用車依存率の上昇は公共交通利用者の減少を招き、公共交通を必要としている高齢や子どもといった社会的弱者を切り捨てている状態です。街中において見かけられる横断歩道橋の存在は、自動車のために非人間性を社会的弱者に強いている象徴でもあります。当たり前のことでありますが、もともと道は歩行者の専用使用のものでありました。その時代でも駕籠や馬が歩行者の邪魔をしていたかもしれませんが、その道を舗装し、整備をしたのは自動車通行のためであります。しかも、歩道と車道の分離や、交差点での歩行者の扱いが十分ではない状態が続いています。交差点を一定の速度で渡り切れない社会的弱者は横断歩道を利用できない状態ですし、ましてや横断のための陸橋利用などはあきらめざるを得ない状態と考えられます。

　資本主義社会の歴史的発展において、社会的費用の発生は不可避なことかもしれません。それを社会的弱者に転嫁した上での経済発展などは、大いに考えなくてはならないものです。生産・消費を行うために必要な資本は、私的資本と社会共通資本です。そしてその分類はその時の社会的、経済的条件に基づき、社会的に決められるべきものであります。特に社会共通資本はその財や労役が私的なところにとどまらないため、それを私的資本の論理で市場における需給均衡の量と価格の理論によって決定されるものではないと断言できます。社会共通資本は自然資源と社会資本と言われていますが、人為的な市場で取引されることに任されるものではないと考えられます。社会共通資本は経済社会の円滑な運営のためには必要不可欠なものであり、社会的に管理されるところに公共性のメカニズムが働くものであります。市民的自由を保障するために規制することが政府としての責務であると考えられます。

政府が国民に納税の義務を課して行う所得の再配分は、市民が健康的で快適な生活を営む生活権を保障するために必要な機能でもあります。ところが負の所得税を経済的落伍者に与えるだけで政府機能としては十分であるという効率性の論理が支配しています。このような効率性基準の論理とともに、個々人の所得の多寡とは別に生活権を有する安定性基準が満たされていなくては、ある者がある者の市民的自由を侵害したという論理が成立することになります。

$$* \quad * \quad * \quad * \quad * \quad * \quad *$$

　以上のような考え方は現代にも生きています。それでは自動車がない生活に戻れと言うのか、との意見が必ず出てきます。通勤で自動車を購入したならば、自らの利便性のために不便になった人が存在します。具体的にはバス路線が減便されたり廃線となって、通院や買い物にバス利用ができなくなった高齢者などを指摘できます。全員が自家用車を所有して利用するようになれば、通勤時には渋滞して自動車が走ることができなくなり、あきらめて公共交通に切り替えるという現象が生じます。まちづくりにおいて交通のネックとなっていたところを税によって整備しますと、再び自動車が息を吹き返します。まさに「いたちごっこ」の論理です。ここで指摘しておかなくてはならないことは、震災による津波が生じたときに自動車避難が必要であった社会的弱者が交通渋滞のために津波に巻き込まれた事実です。自動車の利便性が社会的弱者の命を奪った責任は誰にあるのかを考えてみなければなりません。

２．共生とは何か ― 内橋克人『共生の大地』岩波新書、1995 年 3 月
【キーワード】ＦＥＣ自給・使命共同体・多元的経済社会・オルタナティブ・
　　　　　　民意を代表する素人（レーマンコントロール）・行政独裁

　これも名著で、本書の指摘が経済的効率性のために生かされずに進んできた現代が炙り出されます。著者のフーズ、エネルギー、ケアの「ＦＥＣ自給」の使命共同体主張は、現在にも通じるところがあります。何度読み返しても、いろいろと考えさせられることが多くあります。
　発刊された 1995 年は阪神淡路大震災の年であります。そして 2011 年 3 月

は東日本大震災が起こりました。著者の先見性に富んだ警告を、私たちは学んでいなかったことへの反省があります。共生の地域社会とは同一のミッションを共有する人々の水平的集まりの使命共同体で、これらは企業の私的利益追求と市民社会の公的利益との乖離が大きくなればなるほど、その重要度は大きくなっています。資本と経営と労働を分離する株式会社という組織体が近代化への姿と考えられてきましたが、使命共同体ではたとえ株式会社という形態であったとしても、資本と経営と労働は一体化の方向へ展開します。それは経済性を超える社会的価値の創造を求める、いわば「市民事業」を目指すからです。各構成員が経営体における当事者となるのです。このようなことは現代社会の大企業では難しく、むしろ中小零細企業であれば人の輪の使命共同体的色彩を強めることが可能と考えられます。ここでの経済活動は一元的な利潤動機の株式会社の経営が担うばかりではなく、多元的経済社会の構築での活動が可能となります。例えば、給食で使用する画一的な機械で焼くパンよりも、職人によるこだわりの個々の違うベーカーリー・ショップのパンが息を吹き返したりします。成熟した市民社会では価格競争でなくてもよいわけなのです。

　エネルギー問題であっても、安全性に疑問のある原子力による巨大発電所よりも、再生可能エネルギーでの小規模な市民による発電公社が注目されることになります。目先の安いエネルギーよりも、政策誘導により採算性が確保されれば長期的な視野によって考えることが可能となります。短期的な経済性よりも、市民にとっての社会性が経済性を有することになります。最終的には自給自足可能な域内循環の共同体地域社会が構築されます。

　交通システムも利便性の追求による道路建設よりも、むしろ不便を強いる法的な「迂回路交通システム」により、公共交通利用に誘導する「逆説の制度化」を考えなくてはならない時期に至っています。このことにより、省エネと人にやさしい地域社会が実現することになります。つまり、公共交通もしくは自転車が経済的効率性を充足する交通手段となりうる社会を実現させることも可能と考えられます。

　ここでは決断力のない政治や、弱体化していく市民社会は許されないことなのです。複数の大企業を糾合した共同事業体創設により経済的競争の回避をはかり、地域の中小零細事業者の経済活動を社会的ニーズに合わせることによる共生の地域社会構築は、企業一元社会に対するオルタナティブとして

可能なのです。そこでの「まちおこし」は「仕事おこし」でもあります。それが現在では行政の意思決定から市民合意が排除され、市民合意よりも「諦め」を強いる政策が横行しています。合意なき政策が独り歩きをし、選挙に勝つことが民意であるとする「行政独裁」では、たとえ経済的効率性が達成されても健全な市民社会は育たないと考えられます。

　今、企業一元社会から多元的経済社会への脱皮が求められているのです。官僚による政策誘導が、レーマンコントロールの議会を飛び越え、「行政優位」な「行政国家」へと導いています。すでに「行政独裁」は政策的に完成していると考えられます。凋落した議会は形式的な合意を繰り返すばかりです。企業内や行政内での有用労働は「社会的有用労働」を拡大するように変化させなくてはなりません。その「社会的有用労働」こそが福祉国家へと向かわせるのです。上から与えられた「ハコもの」の時代は終わろうとしています。

＊　＊　＊　＊　＊　＊　＊

　市民が官僚や行政に管理支配されている社会が現代と言えます。この形態が当たり前のことと多くの人は考えています。著者はこれを「行政独裁」と呼びます。かつてはこの独裁方式が変化にすばやい対応を可能とし、経済の高度成長を成し遂げることができました。今はそれよりも人と人とのネットワークが必要とされています。議会制民主主義とは民意を反映した素人が議員や審議委員となって政策を考え、それを職業公務員が形あるものに整えて実行することでした。それが政治家と官僚が癒着することにより「行政独裁」が完成しました。このようなことになっているこの時期であればこそ、現場の公務員が民意を反映した政策を提言する必要があると考えます。そのようなことは政治家と官僚のすることと考えているような現場の公務員は、自らの保身のみの公務員であって市民のための公務員とは考えられません。このようなことを約20年前に書かれたことに驚くばかりであります。

3．都市とは不思議な存在 ―上田篤『都市と日本人』岩波新書、2003 年 9 月
【キーワード】ブドウの都市・城壁都市・カミサマ・小学校の運動所・小学校のプール

　これも名著の一つに数えられると思います。まず、西欧の都市はリンゴと考えられると説明されています。中心があり、それに芯が通っていて一つの

塊となっています。それに対して、日本は「ブドウの都市」という表現で説明されています。中心が多くあってそれぞれに種があり、それぞれの粒で房を形成しているからです。そこにそのまま西欧の民主主義を移入しても、個人概念や合理性が未成熟なので、何が考えの中心となって「まちづくり」がなされるのかが不安定となります。

　イギリスのニュータウンにはその芯に教会があります。子どものための地蔵菩薩が拒否される日本のニュータウンとは大違いと考えられます。人間とは神の恩恵によって与えられた財貨の管理者にすぎないと述べたのはウェーバーですが、西欧では財貨の多くは子孫に残さずに神のもとに返す寄付文化があります。西欧の都市は城壁に囲まれた都城で、日本では城壁に囲まれた都市はありません。宗教の異なる民族との戦いで負けるようなことがあると、男は皆殺しにされ、女は略奪されるのが西欧の常と言えます。また、日本のように巫女などの「見える神様」により政事が行われる文化は西欧にはありません。日本の近代においてのカミサマとしての天皇の存在は、純粋な天皇親政では西欧のように民衆によってギロチンにかけられる可能性も否定できないからであります。

　近世の江戸時代の「幕藩体制」における殿様も、俗な政事は家老にやらせて自身はカミサマとしての存在を理想とします。日本での城壁のある都市は鎌倉ぐらいですが、それも正確には自然地形を利用した城壁と言えます。源頼朝はカミサマになったのですが、執権の北条一族はカミサマではなかったのです。カミサマのいない鎌倉のような合理主義と権力だけの都市の凋落は早かったと言えます。

　都として歴史のある京都の町家には、家の中の至る所にカミサマがおられます。正月などは至る所のカミサマをお祀りする風習が残っています。その中での最大のカミサマは町内のカミサマです。通りを挟んだ両側町ではカミサマを通じてのコミュニティが成立します。町衆による祇園祭などは、鉾町など町内のカミサマの集合体の祭りと言えます。それ故、コモンスペースとしての町会所を必要としました。織田信長は安土においてカミサマになろうとして、カミサマの鎮座するまちづくりを行いました。天守閣とは神殿のことで、それ以後、領主の神格化が進むのは為政が容易になるからと考えられます。カミサマによって平和が約束され、戦禍の心配のない町家には瓦が載るようになります。江戸時代とはカミサマたちによる「幕藩体制」という不

戦協定であるとも考えられます。江戸時代の町でも鎮守の森というブドウの粒、地域自治の始まりの形態がありました。しかしながら、西欧のように広い空間を城壁で囲み、その芯に教会が存在する光景とは相違する小都市の集合体が日本の都市であったと考えられます。鎮守の森はカミサマによるブドウの粒の種ですし、京都では町内が組としてブドウの粒であったと考えられます。

　明治時代には新たな種としての小学校が考えられました。それには地域のために運動場を必要としました。教育だけのためなら狭い体育館でも十分なのです。諸外国でも日本のように一定面積を有した運動場を小学校設置の基準としているところは稀であります。戦争遂行の為政者は「御真影」「教育勅語」、そして奉安殿に祀るカミサマとしての天皇を担ぎ出しました。二宮尊徳像はそれに抵抗するように正門前に立っていますが、これは決してカミサマではありません。戦後、奉安殿跡は校庭に戻ってプールになることが多く、そのプールが戦後民主主義の象徴であるように感じられました。

　都市における市長は市議会議員や市職員を無視しての公約実現とはいきません。日本人のムラ社会にはムラの掟があるように市役所にも成文化されない掟があるからです。市長が自らカミサマになる以外、考えを無理押しすることはできないシステムが日本なのです。そのようにならないのは、ムラやそのムラの集合体である都市がジャングルになっては困るからと考えられます。西欧は一神教的社会が自らを制御するシステムですが、日本のブドウ社会においては多中心を治めるそれぞれのカミサマを必要としているものと考えられます。

＊　　＊　　＊　　＊　　＊　　＊　　＊

　京都には多くの路地があります。その路地の奥にお宮さんがあって、よそ者が奥に入ってくると犬が吠えます。これがコミュニティの原型であって、決してアソシエーションではありません。夏休みの終わりに地蔵盆があって、この日ばかりは町内の大人が子どもの面倒をみます。地蔵盆を行う単位が「町内会」と言ってもよいほどに地蔵菩薩が祭られています。その「町内会」も住民の出入りが多くなって「自治会」となっています。この「自治会」はコミュニティではなく、一種のアソシエーションと考えられます。

4．都市の解釈 ― 田村明『まちづくりと景観』岩波新書、2005 年 12 月
【キーワード】都市美・都市の個性・都市計画・市民の政府・しまりのない都市

　「まちづくり」で都市美をつくるのは市民であるということが浸透していません。戦前、戦中、戦後を通じて、日本ではこのことが後回しになり、地域が共有する価値であることが未だに認められていません。「美しいまち」とは個人的な価値観ではなく、そこに住む人々が共有する価値観の表現です。地域によって別々な価値観があって当然です。それが「都市の個性」を尋ねてみると、都市計画に従事しているものであっても答えられないのが現状です。補助金行政による安上がりに使える個性のない都市が幅を利かしているのが現状です。歩道のない道路、安物の歩道橋、歩行者を押しのけるガードレール、削り取った崖地の醜い膏薬張り擁壁、羊羹を切ったような校舎、どこにでもあるような駅舎、電柱に張り巡らされた電線、これらすべてが税金を使って行政が景観を壊してきた例であると言えます。行政も住民も共有財産である「まち」を壊している、または壊されているという意識がないのが問題と考えられます。

　「都市再生」とは民間事業の規制緩和を積極的に行うことにすりかえられています。関わっている人々に「まち」をつくっている一員であるという意識が乏しいために生じることと考えられます。特に行政にはこれらに対する責任が大きいと言えます。ヨコワリで全体を意識する前に、タテワリで縄張りをつくって統一性のないものにしてきたための「まち」破壊だからです。住民にとっても「まち」は協働作品であるという意識は低いと言えます。その場での利便性に終始しているために、統一性のない「まちづくり」になってしまいます。これを次の世代に渡すことに何らの恥じらいもないのが現状です。一歩外へ出ると住民同士が談笑している「まち」、子どもたちの遊びを老人が見守る「まち」、季節の花を楽しめる「まち」、こうした「まち」に住んでみたいと考えているのに、実際は行政や業者のつくった「まち」に住んでいるのみと言えます。

　今からでも遅くはないと考えられます。市民が地域の主体であり、地域の個性を築こうと考えてもらいたいものです。国家権力によって行われてきた都市計画に代わって、自分たちの「まち」を自分たちで創っていかなくてはなりません。市民は独りよがりな考えではなく、協働によって成り立つ「ま

ち」の当事者です。自治体は市民の政府でありますが、政府であるがために不自由があって当然です。その点では市民が主体のＮＰＯ法人などは自由に動くことができます。市民が市民の政府を動かすことによって、「まちづくり」こそが市民の政府の重要な仕事となります。それには各自の利便性を控えるような主張こそが大事であると考えられます。

　クルマ社会によるスプロール化はコンパクトであった都市機能を破壊し、しまりのない都市となって景観をも破壊しています。市街地内の上空を走る高速道路、クルマ優先のために作られた醜くて不便な歩道橋、広大な駐車場や立体駐車場は不要と考えます。人間生活を豊かにする人間優先の都市が欧州では主流になりつつありますが、日本でも上からの統制よりも建築不自由を受容する市民によって創っていかなくてはならないと考えます。

＊　　＊　　＊　　＊　　＊　　＊　　＊

　海外で開催されるマラソンをテレビで見ていますと、日本の景観と相違することに気がつきます。日本のマラソン中継では電柱が目に付き、ランナーもあの電柱まではと走っているように感じられます。当然、その電柱の上には蜘蛛の巣状態の電線が走っています。京都では祇園祭の山鉾巡行のために電線の張替えすらやっているようです。むき出しの電線は災害時において復旧が早いという説があるようですが、せめてマラソン中継に耐えられるような都市美で世界中継されたいものです。誰も利用しないような歩道橋よりも横断歩道のほうが費用的にも安いはずと考えます。歩道橋は安全と言いますが、不便な歩道橋を断念して車道を横断することは間違っていることなのでしょうか。横断歩道ばかりになると、自動車は信号ばかりで不便と感じるようになりますが、ここは自動車の利便性よりも弱者である歩行者の立場で考えてみる必要があります。

5.「奪い合い」より「分かち合い」
── 神野直彦『「分かち合い」の経済学』岩波新書、2010 年 4 月
【キーワード】希望の島・経済システム・政治システム・コモンズ・小さな政府・大きな企業・
小さな労働者・新自由主義・新保守主義・現金給付・現物給付

　本来は「分かち合い」すべきものを「奪い合う」ことになっている日本社

会が存在します。この危機を解消することこそが「絶望の海」に浮かぶ「希望の島」になる条件と考えられます。ところが格差や貧困のない社会はないのが現状です。それ故に「格差のどこが悪い」と嘯くことは許されるものではありません。問題は行政や政治を担当している者がそう考えている可能性があることです。格差や貧困をなくすために行政や政治が存在していることが忘れられています。以前によく言われた「改革なくして成長なし」のフレーズは、「貧困なくして成長なし」と言っていることと同じです。

　「小さな政府」を主張して「公」を「私」化する民営化などは、経済システムとしての市場経済と政治システムとしての財政の貨幣経済における結合に他ならないと考えられます。そうではなくて、政治システムと社会システムの結合である「分かち合い」の経済にこそ、共同性が認められるものと考えます。それは貨幣経済であっても自然やコモンズ空間を守ろうとする、貨幣を使用しない経済との混合です。「貨幣と交換されないものは価値のないもの」という考えこそが改められなくてはならないと考えます。必要に応じて分配される経済を考え直してみることが重要です。

　市場経済が浸透していくと無償労働が縮小していき、有償である金額的な多寡に価値を見出すことになります。かつては食材を市場で有償にて調達するものの無償労働によって調理することが、一般普通の家庭内で行われていました。しかし現代では、この無償労働分を市場で調達するための有償労働が当たり前のようになっています。そしてこのような新自由主義的考えが、本来矛盾する家族やコミュニティの復権を唱える新保守主義と結合することとなります。これが「美しい国」と言えるのでしょうか。「分かち合い」から独裁強制による「強い国家」にシフトしているように思えます。

　本来、経済とは人間が自然に働きかけて社会的に有用な物を作り出す過程であると考えられます。現代の工業生産のように人間が補助的な役割を果たす過程ではなく、人間の知識が絶えざる技術革新を可能にする過程であったと考えられます。大量生産・大量消費を経た知識社会は「質」を追求する産業を求めています。中国・インドなども一周遅れのトップランナーであって、新しい産業構造を追求したものではありません。新しい産業構造とは人間らしい暮らしを復活させるもので、「小さな政府」と「小さな労働者」の存在による「大きな企業」の構造ではありません。「大きな労働者」を背景に「大きな政府」を追求してきた時代には後戻りできないのが現状ですが、社会的弱

第Ⅰ章　公務員に必要な地域創生基礎知識

者である「小さな労働者」には「大きな政府」が必要とされている矛盾を指摘できます。

　かつては福祉国家が担うべき生活保障を企業が吸収していた時代がありました。これへの後戻りもできないのが現代社会であります。新自由主義では「小さな政府」での現金給付の削減分を家族機能に求めるがゆえに、新保守主義との時代錯誤的な結合が生じるものと分析できます。今後は現物給付の拡大しか選択肢がないにもかかわらず、貧困と格差を黙認するような政策が進行しています。今からでも社会保障を現金から現物に転換する仕組みが必要と考えます。金銭的報酬の分かち合いではなく、知識の分かち合いによる学び合う中身が論議されなくてはならないと考えます。それなのに現代の大学は安易に経済的効率性の株式会社組織を選択しています。教育には競争原理が貫かれ、協力原理は口先だけのものとなりつつあります。今こそ、家庭やコミュニティで「分かち合い」の経済が社会的なシステムとならなくてはならないと考えます。

＊　　＊　　＊　　＊　　＊　　＊　　＊

　医療・教育・福祉は社会保障と考えます。それが経済システムに包含されてしまって、そのうえ効率的なシステムとされる株式会社形態にてマネジメントされる傾向があります。それ故、よく称されている「ソーシャルビジネス」なる語句も考えてみる必要があるわけです。医療に関して言えば、社会保障であるものを三割患者負担の現金で要求するシステムに問題があります。医療・教育・福祉が経済的ビジネスモデル化される現状において、これらのサービスを考え直さなければなりませんし、学術的にもそのことを推進する新自由主義の考えには対抗しなければなりません。

６．里山が資本になるか ― 藻谷浩介・NHK 広島取材班『里山資本主義』
角川 one テーマ 21、2013 年 7 月
【キーワード】マネー資本主義・バイオマス・ＧＤＰ・懐かしい未来・地域通貨

　里山資本主義とはマネー資本主義に対する著者による造語です。「新書大賞2014」を獲得し、50 万部突破のベストセラーになるのではないかと言われていますが、その内容がベストであるかは別問題と言えます。

19

資本主義社会では財産はマネーによって表わされますが、財産の宝庫である里山で表わす資本主義があってもよいではないかとの発想は面白いところと言えます。いずれにしても、いろいろな問題意識を投げかけています。就職超氷河期と言われる現在、入社出来て超猛烈な働き方をしている若者が、果たして豊かな暮らしをしているだろうかが問題点です。今は何でもマネーで決済をしていますが、ほんの一昔前にはマネーを介さない現物での交換コミュニティがありました。使用するマネーの量は少額でも、支え合っての人間的に豊かな暮らしが可能でありました。

　岡山県真庭市はバイオマス発電の先進事例地と言われています。また、木質ペレットこそが石油に代わる燃料と考えられます。今は何でも石油に頼らなくてはならない時代ですが、エネルギーを送電線で他地域から購入し、その発電の原材料としての石油を外国から購入するということは、マネーの量である経済を大きくしています。それと比較して原材料を里山の廃材に求め、家庭暖房や農業温室、自己の工場に使用するエネルギーはマネーを通さずにGDPを下げる役割をしていました。GDPを大きくしようと提唱していることとは逆の方向です。GDPが小さいので豊かではないのでしょうか。「里山を食い物にする」と否定的に言われますが、原価ゼロの暮らしは不可能ではないと考えます。「カネよりも大切なものがある」と主張してもよいのではないかと考えます。里山暮らしにての分散型エネルギー確保こそが、原発に対抗できるものではないでしょうか。

　外国ではオーストリアの事例があります。灯油ではなくペレットを宅配するタンクローリーもあります。鉄骨やコンクリートに代わるものはクロス・ラミネート・ティンバーと呼ばれる木質集成材です。この産業革命以来の革命によって、ついに憲法に脱原発を明記するまでに至りました。このような地域をベースにした産業は、サバイバルなコスト競争ではなく協調により進化するものであると考えられます。

　生きていくのに必要なものはマネーでしょうか。それとも水と食料でしょうか。マネーは水と食料を手に入れる手段の一つなのではないでしょうか。里山には人々を養う資源が残っているのに、なぜそれに注目しないのでしょうか。マネーに依存しないサブシステムを真剣に考える時期ではないかと指摘します。地域の木屑が燃料となる分、石油を輸入しなくてもよいのです。水と食料と燃料の地域での確保こそが安心安全の自給システムではないでし

ょうか。経済的効率性によるスケールメリットや分業の否定こそが、人間的なつながりを構築する第一歩と考えます。

「ここでしかないもの」や「ここでしかやれないこと」を探せばよいのです。ボトムからの静かな変革を起こせるのです。まずは人間の価値はマネーで決まるものではないし、マネーは何かを買うための手段に過ぎないという認識を確認してください。買わなくてもよい社会、それは人と人との絆と自然とのつながりの社会であると考えます。大量生産・大量消費のシステムとは決別し、画一化されない個性豊かな生産物こそが付加価値が高いことに気づいてください。

「懐かしい未来」という言葉がありますが、日本の将来はそこを目指していると考えられないでしょうか。将来の成果のための現在の経済では、いつまでたってもその手段にすぎないと考えます。松茸の一杯取れる里山を取り戻すことで十分なのではないでしょうか。「均一なものを多量に」というドグマを捨てられるかにかかっています。作りすぎた野菜はおかずにして物々交換する懐かしさに一気には戻れないかもしれません。しかしながら、腐らせて廃棄するような現在の経済よりは、地域通貨による労役交換によってマネーの蓄積を否定した地域社会を築かなくてはならないと考えます。「してもらう負い目」や「労役を買う」社会からの脱却は、世代を超えた資源の地域循環を生むはずであり、その原資は地域を支える里山に眠っています。

＊　　＊　　＊　　＊　　＊　　＊　　＊

私はこの説はベストよりもベターだと考えます。多くの人々が「人工の自然」の中にある都市部に住んでいます。里山から離れたところに住んでいる人には里山からの恵みは薄いものと考えられます。都市による集中・集積の利益を放棄して里山近くに住むとは考えられません。結局は雇用という純粋な経済が必要になってくるのです。しかしながら、都市部であっても「金持ち」より「人持ち」を目指したいものです。すべてを金で買えると考えている人以外は異論のないものと考えます。しかしながら、何でも金で買える社会に一直線に進んでいるように思えます。コモンズとしての里山も金で買われたら、この説はどうなるのでしょうか。

第Ⅱ章　人口減少で地域は本当に消滅するのか

　地方が消滅する、都市部であっても消滅する地域がある、とセンセーショナルな論争が生じました。公務員にとっては働いている現場が消滅するなどと、かなり物騒な論争となりました。大量の帰化申請でもない限り日本国民の人口が減少することは既定の事実です。数十年を経て団塊世代の人々が消えていくこととなり、それらの人々が住んでいる地域はゴーストタウン化することも想定内と考えられます。それに対して「座して死を待つ」でもよいのだろうかという陣営からの議論が吹っかけられます。一方では、消滅などありえないという論理があり、それは危機をたきつけることによって一部の人が金儲けするだけではないかという陣営からの反論もあります。

7．「選択と集中」とは何を意味するのか
― 増田寛也『地方消滅』中公新書、2014年8月
【キーワード】出生率・東京一極集中・Uターン・Jターン・晩婚化、晩産化・生涯現役社会・出産適齢期女性

　今回の一連の騒動の震源地はこの本です。2010年から2040年までに20〜39歳の女性が50％以上減少する市町村は、現在の出生率である1.43の状況で推移すると、社会的な流出によるマイナス効果とともに、人口減少への歯止めがかからずにその次の世代で消滅する可能性が高いと実名入りで指摘しています。消滅までは残された高齢者ばかりの超高齢社会を覚悟しなければならない状況です。この危険な自治体は全体の5割を占める896に上り、そのうちの523は深刻な状況にあるとされています。

　2100年ぐらいに日本の人口は5000万人になると予想され、団塊世代が消えてしまう2040年からは急激な人口減少を経験することになると予想されます。これは都市部にも言えることで、何も方策をしなければ東京都豊島区も

若年女性人口半減による人口減少が起こると予想されます。それに対する手立てとして、「出生率 2.07 への回復」と虚しく叫ぶのみでよいわけがありません。これまでの地域政策は「ハコもの」行政中心でありましたが、人口の維持には「人」への政策転換が必要と考えられます。まずは「結婚、妊娠、出産、子育て」を安心して行える一貫した支援が必要なことは言うまでもありません。さらに、「人口の再配置」に本腰を入れて社会的流出を食い止めなくてはならないと考えられます。それを考えられる人材の養成が急務といえます。つまり、「地域の問題は、地域で決められる」システムがこの人口減少には有効であると考えられます。具体的施策としては、これから 10 年で何としても出生率を 1.80 まで回復し、東京一極集中に歯止めをかけることが必要と指摘できます。

　出生率については国策的に女性に「産めよ、増やせよ」と強制するわけにはいきませんが、東京一極集中に対する方策はないわけでもないと考えられます。要するに、地方中核都市を若者にとって魅力ある空間にすればよいのです。これは三大都市圏以外に資源や政策を集中投入する勇気の必要な選択と考えられます。若者を踏みとどまらせるためには雇用が重要です。人間的に豊かな生活ができる労役の効率性が必要です。新たな価値が創造されることにより、空き家・空き地問題は解決されると予想できます。若者を踏みとどまらせるばかりでなく、呼び込めるまちづくりのためには、この価値創造が必要です。仮に東京の大学に入学しても、卒業後はUターン、Jターンできるまちづくりが必要です。これには地域の中小企業がポイントであると考えられます。

　資源の域内循環の地域経済構築で、グローバルに対するローカルを徹底すべきと指摘できます。スキル人材がグローバル競争に参戦している構図を改めなくてはなりません。地域の利益を求める人材確保が重要になってきます。一方、出生率に関しては「晩婚化」に伴う「晩産化」には社会的な解決方法が採られなくてはなりません。安心して出産、子育てが可能な社会的システムを構築して、出生率 1.80 を回復することこそが重要です。蓄えの少ない 20 歳代でも出産できて、その後の育休も可能な社会を創らなければなりません。企業にとってはこれからは女性の力が必要と力説していますが、人口減少に対してこそ女性の力が必要なのです。65 歳以上の人々がこれらを「支える側」に回れる仕組みが必要です。「生涯現役社会」を実現するための仕組みとして、

多様で柔軟な高齢者雇用の道が開かれなくてはならないのは自明の理です。

　産業誘致型、ベッドタウン型、学園都市型、コンパクトシティ型、公共財主導型のまちづくりを考えられるところから始めなければなりません。いずれにしても出産適齢期女性に関わる施策が第一であると考えられます。東京一極集中への人口プールと考えられている地方の人口が枯渇したときが、まさに日本の終わりであると指摘できます。今後は東京の国家公務員は地方で働かなくてはならないし、地方公務員が霞が関に来る「現代版参勤交代」の制度化が必要と考えます。時代錯誤な性別役割分業は結果的に出生率を低下させますし、第一子での負担を女性に負わせるようでは、第二子は産みたくなくなるのが当然と言えます。労働時間とともに通勤時間の長いことも無駄なことで、思いつきでなくアイデアを実行することこそが必要なことと考えます。

＊　　＊　　＊　　＊　　＊　　＊　　＊

　本書の副題は「東京一極集中が招く人口急減」とされていて、選択された地方都市に資源や政策を集中投入した人口ダム化を目指しているように考えられます。問題はその地方にあります。消滅するところは仕方がないとして、何とか選択された地方都市を救おうと読むことも可能です。東京はこのままでは超高齢社会となって地方都市とともに共倒れになるので、地方の若者を踏みとどまらせるとともに都市部の高齢者を地方に移動させようと読めないこともありません。さらに、「選択されないような地方に住んでいる人は政策的恩恵を期待できません」と一種の棄民政策のように聞こえてくるのは考えすぎなのでしょうか。

8．淘汰と排除に対して
― 山下祐介『地方消滅の罠』ちくま新書、2014 年 12 月
【キーワード】選択とは淘汰・社会的排除・コミュニティ・多様化共生・排除という選択・
　　　　　　　二項対立的二者選択

　衝撃を呼んだ増田レポート（『地方消滅』中公新書）では、「2040 年までに全国の市町村の半数が消滅する可能性がある」と述べています。多くの自治体関係者はショックを受けたに違いないと思います。それなりに説得性があ

り、今後の行政的投資の「選択と集中」に導くものでありました。「どうしようもない」「どうすれば悪循環を断ち切れるか」「経済問題だ」「家族をどうするか」「自治体が何とかしろ」と反響も大きいものでした。しかしながら、このもっともらしい「選択と集中」論は、結局のところ「弱者切り捨て」に帰結するものであると言えます。

　人口の自然減とともに社会減がなぜ生じるのかの分析がなされていません。若い女性が減少すると言っても絶対数は満たされています。多くの人が未婚もしくは晩婚であることのほうに、出生数に大きくかかわる要素があります。人の結婚、そして子どもの誕生は多くの人々に祝福されますが、当事者にとっては子育て可能な状況の中で育てなくてはなりません。仕事中心の考えでは家庭や家族が成立しませんし、家庭や家族を成立させるには仕事が必要であるという矛盾が生じます。

　そのような閉塞感の中での「選択と集中」とは何を意味するのでしょうか。「選択」とは「淘汰」のことではないでしょうか。「選ばれる」側からは可能な論議かもしれませんが、「淘汰される」側からはこのような論議は社会的な帰結であると割り切れるものでしょうか。仮に「社会的に役立たない者の淘汰」などが論議され、多くの人々が知識とスキルを身に付けた社会に必要のないと思われる者を社会的排除しようという論議が許されるのでしょうか。さらに「カネのない若者はカネのある高齢者の福祉をしろ」なんて、乱暴な論議も見え隠れするのです。地域からも企業からもはじかれた社会的弱者は家族すらもなく孤独です。だからこそ、家族や地域そして企業について考え直し、個人を集団に埋め戻す取り組みが必要なのではないかと考えます。

　このまま放置すると、「選択と集中」の投資の恩恵を受けない地域や人々の存在と、ゲーテッド・コミュニティの誕生となりかねません。それはコミュニティ構成員の異質性を否定する社会で、異質な他者は入り込む余地もなくなります。自主、自立、自治の論理に基づいたコミュニティが必要で、「多様化共生」なのです。多様なものの共生とは正常な対立を招いて当然です。それ故に「選択と集中」論との共生も可能となるわけです。お互いが異なるものとして対立し、融和することは「選択と集中」ありきの論理と相違します。依存と自立、排除と包摂を考え直してみるべきです。社会におけるサービス業の自立は、自立した個人を前提に成立するはずです。例えば、医師や料理人、介護士や理髪師をイメージしてください。依存と自立はバランスなので

す。「多様化共生」とは包摂そのものであると考えます。それに対して「選択」とは、画一化の中での比較によって生じる「淘汰」ではないでしょうか。また多様化とは単なる「分散」ではないのです。

上からの「選択と集中」が何らかの意図によってなされることは、危険な社会への入り口であると感じます。「参加と共同」こそが、人口減少に立ち向かう一手ではないでしょうか。「選択と集中」には選択しないという道が残されていることが重要なのです。残すべき何々という論理は極めて危険であると指摘できます。なぜならば、「排除という選択」が生じるからです。二項対立的二者選択に騙されるようなことは避けなくてはなりません。持続可能な地域づくりは「ふるさとづくり」です。「ふるさとがえり」でもあります。人は人を生むが、財も生みます。間違っても、財が人を生むとは考えないことが重要です。

＊　＊　＊　＊　＊　＊　＊

「座して死す」のを待つのか、それとも何かを行うべきか、行うとすればこれしかない、この正しい選択に異議を唱える者は抵抗勢力である、との論理を聞いたような気がします。特に為政者から投げかけられる選択は、これが正しい選択ですとの独善的なにおいの強いものになります。これを「きな臭い」と表現しますが、「そんなところに住んでいたら救急車も行きません。万が一の場合は救急車で病院に搬送されるところに住んでください」という選択に、それを選択しないという選択の可能性が残されているのでしょうか。これが残されていることが大事なところで、それをこれ以上は自己責任ですとするのは行政の責任放棄と考えます。つまり、救急車も行かないとはどのようなことであるかを十分な情報を提示して、当事者として考えることを十分に保障する社会こそが大事ではないかと考えます。

9. 自治体が自治体でなくなる
― 田村秀『自治体崩壊』イースト新書、2014年12月
【キーワード】限界集落・自治権、住民、区域・夕張市・2018年問題・社会保障・地域経済・空き家問題

限界集落どころか地方消滅論が脚光を浴びているが、果たして地方は消滅

第Ⅱ章　人口減少で地域は本当に消滅するのか

するのでしょうか。仮に20歳から39歳までの女性が誰もいなくなった地方を考えてみてください。その時点で人口がゼロになるわけではありません。肉体的に子どもを産むことが可能な女性の人口がゼロになることはありえませんが、仮にありえるとしてもその状態になるまでは100年以上は必要です。そこから人口ゼロになるには、さらに何十年もかかると予想できます。

　そのような長期的スパンにおいては、現在の繁華街すら消滅することは不思議なことではないと考えられます。政治的には安倍首相のライバルである石破氏に地方創生を担当させましたが、各省の寄せ集めの事務局体制では強力な予算的措置も困難であると考えられます。そもそも派遣された各省の官僚は無難に仕事をこなして昇進するためのステップと考えているでしょうし、思いつきのようなこのプロジェクトに骨を埋める覚悟の官僚など皆無と思われます。つまり、構想や計画はされても本気で実行することはないと考えるのが常識的です。

　国家の三要素は主権、国民、領土です。自治体もそれに匹敵する自治権、住民、区域が存在します。人口減少が予想される自治体では公共部門が頑張らなければ、市場での民間企業にはその余力はないと思えます。島根県海士町や徳島県上勝町が「頑張る自治体」の代表として評価されていますが、夕張市のようになりたくなかったら自治体公務員の意識高揚が何よりも必要と言わんばかりです。それはすべての自治体が夕張市のようになる可能性があるからと考えられます。すでに教育業界では2018年問題への懸念が広がっています。予備校の撤退が報道されていますが、次は大学の順番です。少子化と高齢化によって医療や介護業界の需要は強まるのは当然ですが、これを負担することができずに社会保障費の圧縮が論議されています。これから大量の需要が見込まれる医療や福祉、この業界の将来も決して明るいものではないのが現状です。今のところはその負担の手段として、消費税の税率アップが政治課題となっています。社会保障とはすべての人々が社会を支え合う相互扶助なのですが、「見ず知らずの他人の面倒を何故みなければならないのか」という意見も根強いものがあります。

　しかしながら、地域経済の破綻による地域社会の破局は自助力での自己責任を超えるものになると予想できます。たとえば空き家問題です。隣接の住民は迷惑なのですが、その当事者にはそれを解決する力がありません。空き家が地域における巨大なゴミにならないためにも、地域の問題は地域の人々

によって解決していく意識の高さが必要であると考えられます。所有の当事者の責任を追及しても解決にはなりませんし、役所に任せておいても同様に解決しないものと考えられます。

一極集中と批判されている東京は初婚年齢が男 33.2 歳、女 30.4 歳で晩婚化一位です。全国的にも独身率が男 5 人に 1 人、女 10 人に 1 人と上がって行く傾向にあります。独身税や老人税などのアイデアも囁かれていて、何とか女性に結婚してもらって子どもを産んでもらおうと躍起ですが、結婚する・しない、子どもを産む・産まないは個人の問題です。前述の大学にこそ、これらの現代的問題を解決できるような研究・教育が必要ではないかと考えます。

一言で言えば、地方で維持できる新しいビジネスの研究です。それによって定住できる地方こそが勝ち組で、何もしない自治体は負け組となっていくと予想されます。一極集中の東京には集中・集積の利益があって魅力的です。このことをわざわざ潰すこともないと考えます。若者を東京から排除する施策などは愚策であると考えられます。この若者による活気を利用する必要がありますが、東京は近未来に確実に直下型地震が襲い、壊滅的な被害が生じると考えられます。政治経済の中心地が崩壊することに無策ではいけません。そのために名古屋が大阪よりも注目されています。大都市と地方は経済を牽引する両輪であることを思い出さなくてはなりません。

＊　　＊　　＊　　＊　　＊　　＊　　＊

医療や福祉を社会保障として考えるのか、それともビジネスとして考えて、その益を受けるに十分な資力のない者は自己責任という論理を押し通せるのかが問題です。東京などの大都市に居住するのはマイナスよりもプラスが大きいからです。ところがそのプラスが自然災害によって崩壊する恐れがあります。少子高齢化は自治体へのボディーブローです。どこかの時点でノックアウトになります。震災などはまさにカウンターパンチです。一撃でマットに沈むことになります。安易にカンフル剤に頼ることは、この「劇薬」が原因で体力を消耗させます。タフな持続性が必要なのですが、それには市民力を養っておくことが重要で、地域の大学こそがその役割を担うのです。

10. 農山村は衰退しても消滅しない
　　—小田切徳美『農山村は消滅しない』岩波新書、2014 年 12 月

第Ⅱ章　人口減少で地域は本当に消滅するのか

【キーワード】誇りの空洞化・内発性、多様性、革新性・カネの循環・地域資源保全型経済・多業型経済・補助金より補助人

　何も増田レポートが「少子化」や「地域再生」を初めて指摘したのではありません。以前から重要な課題であったことに間違いはありません。増田レポートが過激的であったのは、多くの市町村が消滅を名指しされたところであり、「選択と集中」により消滅を宣告されたことであります。これは急進的な政策をショックを利用して進める改革の常套手段と考えられます。消滅を宣告された農山村には「諦め」を強いることになります。いわば「誇りの空洞化」です。地域住民はそこに住み続ける意味や誇りを見失わされるのです。

　そもそも「地域づくり」とは「内発性」と「多様性」、さらに「革新性」の賜物であると考えらますが、「耕作放棄地」「シャッター通り」「医療崩壊」「買い物難民」と否定的な語句がマスコミを賑わし、その解決の決め手策として「地域再生」なる用語が登場したのです。ますます深刻となる現実に対して、より強力な「地域づくり」などできるのでしょうか。

　第一の柱として「地域づくり」は「人づくり」と言われています。昔は地域の長と言いましたが、今では地域のリーダーと表現します。複数のリーダーが役割を分担しているところが成功を収めています。第二の柱に地域共同体としての「ソフト」面とともに、その「ハード」面である医療や教育のための生活諸条件があります。たとえば、商店や給油所の撤退に対して地域共同売店やコミュニティ・サービス・ステーションを運営できる力量が、地域の空洞化を防止する役割を担います。第三の柱は地域循環型経済です。雇用を支えていた企業が撤退したときに、それを支えていた行政施策が削減され、地域は総崩れになることが見受けられます。外から導入する産業よりも、公共事業に依存しない地域産業育成が「カネの獲得」から「カネの循環」に移行できる仕組みを創り出します。地域資源に対する考え方を磨けば、「地域資源保全型経済」を創り出すことが可能になります。

　「マネー資本主義」に対する「里山資本主義」が中国山地を舞台に論じられていますが、中国山地は「空洞化のトップランナー」として、それを受け入れなければならない地域特化があったわけです。具体的には、①都市との近接性、②集落の小規模分散化、③農業の零細化です。この三つがかみ合う地域が中国山地で、それ故に「里山資本主義」に特化できると考えられます。「解

29

体のフロンティア」はある意味では「再生のフロンティア」です。このような「過疎を逆手に取る」取り組みは他地域が模倣しても条件が合う場合が少なくて真似ができません。そのことが中国山地に特化した「多業型経済」を形成し、逆の規模の経済性を打ち立てたとも考えられます。つまり、「小さいこそよい」のです。これを「平成の大合併」で打ち消すと、「地域の空洞化」はますます深刻になります。それに対しては、たとえ行政が遠い存在になっても、身近な自治基盤を作り出せる地域力が必要と考えられます。

　現場では「補助金よりも補助人」と言われています。資源としての「カネ」ではなく「人」なのです。地域サポート人材の投入こそが、行政職員の現場離れを補う力であると考えられます。地域の主体性を認める支援、自由度の高い支援、長期的視野における支援を否定してきたのが補助金行政でした。また、地域性やそこでの共同性を無視した全国一律の補助金行政では、全国一律の農山村を作ることはできなかったし、そのようなことは間違いであったと考えられます。都市のコンパクト化が叫ばれている今日に、都市の無秩序な拡散によって都市化される農山村に対して、都市と連担している農山村までがコンパクト化して都市化を受け入れなければならないのかの疑問が残ります。

＊　　＊　　＊　　＊　　＊　　＊　　＊

　都市に対して農山村は衰退の一途と言われていますが、見方を変えれば、都市は消滅しても農山村は消滅しないということになります。つまり、衰退の先に消滅が存在するのではないからです。「過疎を逆手に取る」とはよく言ったもので、これ以上の過疎にならない下支えが可能なのです。底が抜けないような工夫をすればよいのです。それには知恵が必要です。今まで農山村で行われてきた施策はカネによって知識を植えつけることでした。カネではなくて人が必要なのです。「補助金よりも補助人」とは「知識より知恵」と読み替えることも可能と思えます。

11. 地域の永続企業を育成 ― 吉田正博『「消えない都市」の条件』
幻冬舎ルネッサンス新書、2015年2月

【キーワード】地域の永続企業・コンパクトシティ・「ゆるキャラ」・「信用」と「信頼」・「コトづくり」・地域企業対策・横浜型地域貢献企業認定制度・競争よりも協力・「ひとづくり」

第Ⅱ章　人口減少で地域は本当に消滅するのか

　「里山資本主義」という本が話題となりましたが、それはきわめて狭い地域のみの成功例であると言えます。たとえば政令指定都市であるならば、周辺の狭い地域を限定すればそのとおりですが、都市全体の経済を考えるとその資源では無理があると考えられます。都市という地域経済においては地域の永続企業を育てなくてはならないと考えます。これには行政のみならず、業界や大学も「地域のため」という視点が欠落してはならないと指摘できます。また、『地方消滅』では「選択と集中」における「コンパクトシティ」が提起されていますが、これは行政サービスを効率化によって管理しなければならないという論理であって、「地域のため」という視点が欠落しているとも指摘できます。

　地域や地方とはもっと多様で多彩であるべきと考えられます。規模の大きい企業はグローバルまたはローカルな視点からの経営が考えらますが、中小企業はその中小を武器にローカルな発想が必要で、地域貢献企業や地域での永続企業と称されなくてはならないと考えます。地域は多様であって、同じでは何々地域と称することができません。最近話題の「ゆるキャラ」もどこか画一化された一律的手法に留まっていると考えます。グローバルな世界ではギブ・アンド・テイクの交換が成り立ちますが、ローカルな観点からはギブ・アンド・ギブの世界ではないかと考えられます。それぞれに「信用」と「信頼」という言葉を当てはめます。グローバルな奪い合いの世界ではかつては暴力的に獲得することが主流をなしていましたが、「信用」というソフトな言葉での奪い合いに移行しています。一方、ローカルな世界にはカネに還元できない「信頼」の世界が存在します。このローカル経済圏においては地域密着で、ほぼ同じ客を相手にするために経済合理性だけでは割り切れないところが生じます。

　「コトづくり」とはモノを作ってそのモノが使われるコトも一緒に作ろうとする発想です。中小企業対策でなくて地域企業対策を政策的に進めるべきで、地域企業とは地域に関わる濃淡で生き残ることができる企業のことです。その地域企業が永続企業を目指して成長することを政策的に支援しなくてはなりません。当該企業のために人材を育てる大企業と比較して、地域企業は自らのためが地域のための人材育成につながると考えられます。それは企業規模における「信用」というよりも、人間性に基づいた「信頼」の関係です。この「ひとづくり」のために「横浜型地域貢献企業認定制度」が創設されま

31

した。この地域貢献こそが社会的責任ではないかと考えます。横浜市が「地域に貢献している企業」であることを認定することによって、新たな信頼関係が生まれるのです。この地域企業の永続的成長こそが地域経済を支える力であると言えます。同じような地域になろうとするから競争が生じるのですが、それぞれの多様性を認める地域であるならば、競争よりも協力となるはずです。経営資源の地域内循環を考えることにより、制度自体の完結よりも流れの永続性が問題となってきます。

　世界的な経済環境の変化の影響を少しでも緩和するのがローカル経済圏なのです。例えば福祉事業などは極めて地域密着のローカルな流れです。これにボリュームのある外資などが流入しないようなクオリティが必要と考えます。それが地域の自立ということになり、地域経済は活性化します。短期的な費用対効果の数字ではなく、もっと長期的な観点が必要と考えます。そうなると「ひとづくり」です。大学においても個人の就職がゴールではなく、地域で活躍する人を育てなくてはならないと考えます。地域のグッドカンパニーに卒業生の一定程度が留まる政策的誘導も必要ではないでしょうか。

＊　　＊　　＊　　＊　　＊　　＊　　＊

　就職活動の成果として一部上場企業などの有名企業への就職者数が、大学入試のパンフレットに刷り込まれます。地域のグッドカンパニーに就職した卒業生の紹介よりも、公務員や一流企業へ就職した卒業生の紹介でインパクトを与えています。地域の永続企業の存在は地域への社会貢献につながります。大学間で受験生を奪い合っている今日において、「本学は規模は零細であっても地域で存在感のあるホワイト企業に就職できます」と、なぜ主張しないのでしょうか。ローカルをグローバルよりも一段低く見る考え方の存在を否定できません。本人が考え抜いて選んだ企業であっても、「そんな知らない会社に入れるために大学まで行かせたのではない」と親に言われたならば、悲しい思いをするばかりです。その場合は本人ばかりでなく、ゼミ担当教員も親を説得できるぐらいの心構えが必要と考えます。いずれにしても地域創生とは、地域における「コトづくり」「ひとづくり」と考えますし、地域の大学は地域企業への人材供給という観点からも貢献しなくてはなりません。

第Ⅲ章　人口減少でどういうことが起こるか

　人口が減少するから地方が消滅するとの考えは、いささか短絡的と思えます。人口減少に備えての地域社会での対応策や、だからこそ人と人との関係を濃密にした「人持ち」にならなくてはならないという論理の検討も必要です。人口減少で高齢者ばかりの社会になるから何とかしなくてはならないと考える危機感は健全です。しかしながら、その対応策が見つからないために焦って危機感を煽ることは健全ではありません。公務員、特に自治体職員になろうと考えている人にとっては、その自治体が消滅しないように無理やりに人口増加を考えることは、他の自治体の消滅を助長していることになるのかもしれません。自治体間で人口を奪い合う競争ではなくて、自治体間での協調が必要とされているのが今日ではないでしょうか。

12. 事実としての人口減少
― 松谷明彦・藤正巖『人口減少社会の設計』中公新書、2002 年 6 月
【キーワード】ジリ貧・年功的処遇・「日本的経営」・民間投資・個人消費・財政出動・
　　　　　　縮小経済・既得権者

　人口減少は労働力の減少を伴うと予測されています。このことにより成長がなくなり経済規模が縮小し、ジリ貧になるとの論法から大事件のように指摘されています。しかしながら、労働力減少が技術開発への刺激となる場合もあると考えられます。少なくとも、人口減少は厳然たる未来であることに間違いはありません。高齢社会とは多死の社会であります。高齢者の多くなった国では人口減少することは当たり前で、その延長線上に人口が消滅するようなことは断じてありません。出生率の統計からは、少なくとも数十年は子どもの数が減り続けて増えることはありません。出生率が上昇することもなく、将来の子どもを産める子どもも増えることもありません。だからとい

33

って、人口が減り続けて消滅することなどはありえません。

　今までは高齢者が少なく子どもが多くて人口が増えていたからこそ、雇用における年功的処遇が問題とならなかっただけなのです。企業は従業員にとっては運命共同体となって、そこでの従業員は企業の収益性の恩恵において忠誠を示すことが当たり前になっていました。このことが「日本的経営」として、欧米企業に対する優位性を導いたのです。年長が減少せずに年少が増加しない構造では、年功的処遇は賃金総額膨張という経済的裏目となってしまいます。かつての「日本的経営」は市場メカニズム上では維持が困難と判断できます。経済の縮小は「日本的経営」にとってはその存立基盤を失う結果となりました。外国と比較して日本の資源となりえたものは、若年層の生産性に比較して安価な労働力であったため、ここにきて賃金上昇なしで生活を切り詰めることが必要となってきました。当然、経済的ストックは減少するばかりか、中高年層にとっては解雇もしくは倒産で失業することすら想定内となりました。

　このような経済環境では民間投資は冷え込み、個人消費拡大の掛け声が虚しく響いています。なぜならば、個人消費を伸ばすためには個人所得を増やさなくてはならないのに、その見込みが立たないから物を買う気が起こらないのです。ましてや、お金を借りてまで購入する気持ちが湧いてきません。しかしながら賃金水準を引き上げることは不可能とは言えません。この引き上げがないと、民間投資も奮わずに設備は老朽化して生産性が低下していきます。貨幣流通量を増加させて名目的な価格上昇を試みても、金融機関に借金してまで生産してくれる企業が無ければ、経済は実体のないままに膨れてしまうことになります。さらに難儀なのはそれによって経済の不安定さが増すことであり、現実に不況は長期化しています。人口減少化においての経済的ストックの調整は容易かもしれませんが、個人消費を期待した需要も減少する一方で、この不況の出口が見つからないのが現状です。

　GDP拡大の決め手は政府による財政出動と言われていますが、人口減少による消費者の減少は食い止めることができません。少ない人口でも買う気を起こすような新たな付加価値性のある需要を喚起する産業構造の転換が重要なのです。従来どおりの経営で、売上高が減少した企業は経済的に退出するしかありません。それでも、一方で倒産があってもそれに見合う需要が生み出されるのが経済というもので、中長期的には雇用は必ず確保されるはずな

のです。一つには人口の分散化でなくて、人口の「極」の分散化が必要との考えに至ります。少子化や核家族化は相対的に高齢世帯を増加させます。それに見合ったサービスが公共部門とともに創造されるはずです。人口減少とは熾烈な競争をむしろ緩和させます。競争によって得られる利益も減少しますが、縮小経済での競争とはスリム化への企業努力の競争であると言えます。しかしながら、社会的ルールはなかなか破壊されず、既得権者が健在な状態が続きます。されど、そのような既得権者もいずれ消えることになる運命です。

　高齢化によって医療産業は空前の成長を迎えられるはずですが、既得権者によって急激な変化は抑えられています。混合診療や自由診療は避けられないところまで来ていますし、高齢者にはそれを負担できる資産が無いわけではないと考えられます。仮に、公的機関が高齢者負担分をカバーしたとしても経済は拡大するはずです。現実に政策的に行われようとしている医療や福祉の需要抑制と供給抑制は、労働集約的な職場環境に起因するところが大きいと考えられます。目の前に大きな需要があるのに、その供給を賄える労働環境が整っていないことが問題と考えられます。

＊　　＊　　＊　　＊　　＊　　＊　　＊

　日本は高齢社会となって、人口減少社会においても医療や福祉に対する需要は大きいものと考えられます。外国資本も触手を伸ばしかねない成長産業と考えられます。この医療や福祉における社会保障を、金儲けのためのビジネスと割り切れるかが問題です。「救命できる高価な薬品がありますが、ここは安価な安楽死の薬品にしますか」とのブラック・ユーモアもあるぐらいです。人の命に値段が付くビジネス社会か、それとも基本的人権の保障された市民社会か、その選択はすでに医療や福祉の分野では始まっています。経済的「需要」として考えるからこのような選択を迫られることになります。しかし、高齢者に対する医療や福祉は代替策が考えられない社会的「必要」なのではないでしょうか。

13. 縮小は賢い衰退
― 矢作弘『「都市縮小」の時代』角川 one テーマ 21、2009 年 12 月
【キーワード】都市計画・都市縮小・空き家問題・創造都市・賢い衰退・「グリーンとクリー

ンの町」・デザイン力・スラムクリアランス・ジェントリフィケーション・
スプロール化・インナーシティ問題・ソーシャルミックス

　1973 年、シューマッハは「Small is Beautiful」を書き著しました。しかし
ながら、都市政府にとっては都市計画における縮小を受け入れることはある
種の屈辱でもあると考えられます。それほど都市縮小を前向きに考えること
は困難であると言えます。世界的には 21 世紀は「都市縮小の時代」でもある
と考えられます。世界人口は増加しても、都市人口が減少する理由はそれぞ
れの都市の事情にあると指摘できます。日本でも空き家問題がクローズアッ
プされていますが、創造的縮小が図られなければ解決できない問題と考えら
れます。「豊かさ」を保ったままで都市規模を縮小させる計画が必要と考えま
す。つまり、都市のスリム化であります。恐竜のような肥大化は壊死を起こ
す原因であると考えます。
　アメリカの衰退都市では、フロリダが提唱する「創造都市」にもなれるこ
とに気が付いたと指摘できます。知の集積が必要で、その逆に進めば「殺人
者の町」になる可能性があります。縮小を敗北と考えることにより、犯罪の
町へと転落していく都市が多く見受けられます。「賢い衰退」の都市政策が必
要で、「グリーンとクリーンの町」への生まれ変わりを本気で考えなくてはな
りません。文化的資源の再活用により、荒廃や放棄は食い止められるはずで
す。積極的な土地政策によって持続可能な都市の形を再構築することができ
ます。都市再生のために国際的なカジノ建設が日本でも話題となっています
が、グローバル化よりもローカル化を考えなくてはなりません。その地域固
有の文化遺産の活用こそが、センター化した箱モノ建設よりも有力な手立て
と考えられます。
　デザイン力による都市イメージの創造によって、コミュニティを再構築す
ることが可能と考えます。グローバル競争やスプロール化現象によって空洞
化したダウンタウンは、メガ建造物よりも高級感のある街並み修復でよみが
えることができます。官民協力によるアートな「まちづくり」によって賑わ
いを取り戻すことになると考えられます。決して過去の賑わいにこだわって
はなりません。新たな賑わいが必要なのです。単なるスラムクリアランスの
再開発ではありません。
　町を救うためには何に特化するかを考えなくてはなりません。例えば、歴

第Ⅲ章　人口減少でどういうことが起こるか

史ある大学は人的資源や情報の宝庫であることを再認識する必要があります。また、ダウンタウンは不自然な活性化よりも、その存在そのものに理由があると考えられます。東西統一後のドイツではジェントリフィケーションの兆しを見抜き、ぼろビルを改修したところに人が住みだしています。拘束と疲弊の社会主義への後戻りを希望する者はもはや存在しません。しかしながら、都市縮小が空き地や空き家を創り出していることも事実です。されど、廃墟のビルの壁面クライマーなどが現れ、その中で市民管理の空間などが生じても、建物解体や撤去排除などを言わないのがドイツ流です。

　以上のことを日本に反映してみますと、市民と行政の関係における将来は暗いものと言えます。2050年には日本の人口は一億人を維持することができないと予測されています。一極集中を揶揄されている東京も例外ではありません。特に大阪の落ち込みは深刻であると言えます。産業構造の転換、住民の居住環境のよいところへの転居はますます進むものと考えられます。地方都市も駅前が金太郎飴のような全国画一的な開発では、都市の個性的な魅力を失っていくと考えられます。郊外へのスプロール化はインナーシティ問題を社会化させていますし、そこに取り残された高齢者へのサポートが急務なことと指摘できます。経済的効率性のために都市交通におけるワンマン化が当然のように考えられていますが、ここで接客乗務員を乗せることを可能にする努力が必要と考えます。

　一方、高度成長期に生まれたニュータウンは高齢化のオールドタウン化しています。問題は高齢単身世帯の増加です。すでにコミュニティの持続可能性が揺らいでいます。ハードの老朽化に対する対応は当然のことでありますが、ソフト面では多様な住民で構成されるソーシャルミックスが失われていることが問題なのです。

＊　　＊　　＊　　＊　　＊　　＊　　＊

　人口減少の都市計画をすれば、そのようにならないような計画が必要との意見が出てきます。本書の著者の言う「賢い衰退」の考えが必要であることを分かっていながら、それを言えないのが行政担当者の現実です。日本の都市では立ち入り禁止になった小学校の廃校舎を見ることが少なくありません。ＮＰＯなど市民団体が利用すれば、地域の拠点となれるような立地条件にありながら、当然のことながら電気や水道は供給されていません。そのような

ところを占拠したならば、管理運営上の安全対策が十分でないとかで撤去排除が実行されることとなります。公式に利用申請をすれば、行政にとって「お墨付き」の団体については立ち入りを「許可」されることもあるかもしれません。また、限定的に利用を認められることもあるかもしれません。しかし、行政的責任上と称して、市民に任せるという発想がありません。また、ある市民活動に反対の市民から指摘を受ける可能性がある行政にとっては、市民の独自な活動は支援の対象というよりも管理の対象なのかもしれません。

14. 若者に住宅政策を
― 平山洋介『住宅政策のどこが問題か』光文社新書、2009 年 3 月

【キーワード】持家取得・「普通の人生」・長期安定雇用・専業主婦・不動産神話・
フリンジベネフィット・「ハウスリッチ・キャッシュプア」・
リバースモーゲージ・「ローン無し持家」

　庶民にとっての持家社会とは、住宅・家族・仕事のトライアングルの中で組み立てられた「梯子」を持家取得に向けて登っていく過程であるかもしれません。経済成長による雇用と所得の安定は住宅取得の可能な中間層を増加させることになりました。そして、その層に持家取得を促すシステムが働いたと考えられます。持家取得に至る標準的ないわゆる「普通の人生」が存在したと言えます。

　仕事は年功制の長期安定雇用ですし、結婚して子どもが生まれても専業主婦である妻が存在します。この安定した雇用に支えられた男女役割分業の家庭では、長期的ローンを覚悟すれば持家取得にアクセスする「梯子」に手が届く位置にあります。このような持家の増加は単なる「自然現象」ではなく、意識的に作られた経済主義の住宅政策の結果であると考えられます。

　そのような中で、標準から外れた「普通ではない層」が社会変化とともに一大勢力となっていきます。顕著な例が単身者です。単身者は世帯内単身者と単身者を住宅政策上分ける必要があります。標準の流れである世帯内単身者から単身者、そしてその単身者から世帯形成者の流れはあるものの、この移行の遅くなる者や単身者で留まる者、さらに世帯内単身者を続ける者が「普通ではない層」です。また、住宅市場への女性の参加が加わって、標準的な大きな流れは円滑ではなくなってきていると考えられます。過去には、単身

者は住宅政策上冷遇されてきました。公営住宅の入居要件を充たさず、単身者への政策的融資も後回しにされてきました。それに対して、雇用社会における企業の従業員への住宅対策は円滑であったと言えます。一つには、社宅や独身寮の建設は労働力確保に役立っていました。二つ目には、企業コミュニティ形成が重視されていたときに、従業員の愛社精神や帰属意識を高めるのに役立ったと考えられます。最後に、バブル破たんまでの不動産神話は会社の資産形成の手段でもあったわけです。これらのフリンジベネフィットの格差は会社のステイタスであり、新卒者を大企業の正規雇用に駆り立てる要素でもありました。

　しかし、男女雇用機会均等法の制定や改正にも関わらず、事実上の男女格差は公務員以外では残されていたと言えます。このような「普通の」標準世帯の減少に対して、政策的に税制や年金制度における標準世帯専業主婦優遇策は見直す動きが加速されてきました。持家の「梯子」はぐらついてはいるものの、人々の持家志向は強いままと考えられます。このまま「梯子」に登れずに大きな流れから取り残される人々が増加するならば、社会の安定は持続不可能となる可能性もあり、このような社会変化を住宅政策にどう取り込むかが重要となりつつあります。

　まず、世帯形成者よりも単身者に対しての政策です。単身者女性も「梯子」を登っていないと言いきれるかが問題です。そもそもこのような女性は標準的なライフコースに固守する必要もないわけで、本人もそれを望んでいないと考えることができます。未婚の女性が離家することも不思議でなくなっています。今の世の中、「男性稼ぎ主」の将来へ向けての安定も疑わしい状況ですし、女性の就労収入も家計補助ではなくて重要度が高まってきています。しかし現実には未婚の女性の持家率は低く、「梯子」に手が届いていない状況です。しかしながら、逆に考えればこの無配偶者女性の経済力の高まりは、持家への「梯子」を必要としていると考えられます。

　次に高齢者です。親世代の持家に子ども世代の単身者がパラサイトすることは現実に生じていますが、高齢者は「ハウスリッチ・キャッシュプア」と単純に類型化できるでしょうか。民間セクターもリバースモーゲージ市場に参入していますが、不動産は資産的に安全とも断定できない状況で、財産処分もままなりません。世帯の加齢に伴う「ローン無し持家」をどう活用するかが今後の課題と考えられます。つまり「空き家問題」です。また、住宅困

39

窮者としての「高齢」「障害」「母子」の伝統的な類型を見直してみる必要が
あります。若者などの社会的弱者に対する家賃補助のない住宅政策も不思議
なことであると考えられます。つまり、今までの常識から脱皮して考える複
線的な政策を必要としているのです。

＊　　＊　　＊　　＊　　＊　　＊　　＊

　学生下宿、今ではワンルームマンションと言いますが、この借り手である
社会的弱者の若者への住宅政策は皆無と言えます。これらの若者は現実に社
会的弱者であるにも関わらず、社会的弱者とは認められていません。生産的
に働いていない者への住宅政策などは贅沢であると言わんばかりです。しか
しながら、ブラックな労働条件のアルバイトをしている学生は、やりたくて
やっているのではありません。為政者は自らが学生であった古き良き時代の
感覚で、このようなブラックな社会環境を改める政策を考えようともしませ
ん。一般的に、社会的弱者に対する貧困対策は金銭的な給付で十分とは言え
ません。1942年のベヴァリッジ報告は、五大巨悪としての「欠乏」「疾病」「無
知」「無為」とともに「不潔」という要素を指摘しています。この「不潔」に
は、狭隘で清潔を保てない住居要件が大きく作用していて、これを改善する
ためには住宅政策が必要と考えられますし、学生にもその支援が必要とされ
ています。

15. ゴミになった空き家でゴミのまちが
― 牧野知弘『空き家問題』祥伝社新書、2014年7月
【キーワード】「売れない」「貸せない」不動産・高齢者単身世帯・賄い付き住宅・
　　　　　　　「まちの大型ごみ」・税の物納・「空き自治体問題」

　かつて不動産としての住宅には、特に土地価格については下落しないとい
う不滅の神話がありました。ところが現在では、「売れない」「貸せない」で
始末に困る不動産としての住宅が存在しています。所有しているだけで土地
に対する税金はかかりますし、空き家住宅にも維持管理の費用が必要です。
古家として壊すのにも解体費用が要るばかりか、近所への配慮も必要となり
ます。かくして厄介者となった不動産を駐車場にしますと、借主を探すわず
らわしさと固定資産税が高くなる羽目を味わいます。全国の住宅5758万戸の

第Ⅲ章　人口減少でどういうことが起こるか

うち空き家率は 13 パーセントと言われています。10 軒に 1 軒は空き家と考えてもよいのではないでしょうか。

　空部屋ばかりのマンションやアパートもありますが、空き家の半数は賃貸物件の入居者待ちです。空き家となる可能性の高いのは、現在増加しているところの高齢者単身世帯です。25 年間に 4.2 倍の 414 万世帯となって、これも 10 軒に 1 軒が「年寄りの一人暮らし」となる勢いです。ということは、現在の空き家問題は当分続きそうで、解決策が見つからない状況です。このようなマンションやアパートでは、単身者用に一軒分を食事の賄いスペースに充てない限り、次の入居者は見つからないと考えられます。かつての賄い付き学生下宿や現在のビジネスホテルの構造が、経営として成り立つかを考える必要があります。

　特に、地方都市では店子探しは熾烈であると予想されます。それでは空き家が存在すると何が問題なのでしょうか。「雑草」「郵便物」「外壁や屋根」などが放置されて、「まちの大型ゴミ」となり果てることは社会問題と称することができます。家屋は生きていて、人の住まない住宅は経年劣化が激しいと言われています。近い将来に朽ち果てそうな危険な空き家も見受けられます。そのような空き家の所有者はすでに管理が不可能になっていると考えられます。これを私有財産として行政がこのまま不介入を貫いたならば、「まちのゴミ」から「ゴミのまち」になりかねないと考えます。「売れない」「貸せない」で始末に困っている住宅は完全放置にならざるを得ない存在です。この放置された空き家問題は行政に苦情が集中しますが、所有者が判明しても管理に対する強制力は私有財産である限りは法的にはありません。しかしながら、たとえば 3 軒に 1 軒が空き家という「まち」が出現したならば、社会インフラに大きく影響が生じます。使われない上下水道の滞留水は衛生面も問題でありますが、水道管の劣化が急速に進むことになります。人がまばらに住んでいるような「まち」の治安は悪くなるという報告もあります。自治体への固定資産税も未納となり、それを財源として行う公共財の維持管理ができなくなるという負のスパイラルに陥ります。

　そもそも、「売れない」「貸せない」不動産に課税する正当性すら問題となってきます。滞納の末に物納されて困るのは課税している当局側だからです。万が一に良心的な所有者が数百万円かけて更地にし、高額になった固定資産税を払ったとしても、「まちづくり」における空き地問題は完全に解決したこ

41

とにはなりません。自治体に寄付をすると言われても、自治体はそれに対する経費を考えると難色を示すことになります。税を滞納しての物納では、すぐに競売で現金化される物件が前提になります。以上の状況からは、所有し続けるしか手立てがないのが現状です。所有を断念している所有者に所有を続けさせて、しかも税負担を強いる行政には何の力もありません。現在のところマイナスの不動産評価額をつけることはありえませんが、廃品回収のように引き取るためのビジネスが成立する可能性もあります。都心部のタワーマンションと比較して、建設ブームに便乗した地方都市のマンションは最悪と言えます。

それなのにアベノミクスで実体のない土地価格上昇が生じているのはなぜでしょうか。マンション建設費は高騰し、それに東日本大震災復興や東京五輪需要が加わり、「売れない」住宅の中小ディベロッパーは倒産しか残されていません。倒産の末に残った空き家は物理的に消えることはありえません。いずれこの空き家問題こそが「空き自治体問題」に発展する過程かもしれません。

＊　　＊　　＊　　＊　　＊　　＊

景気回復の特効薬と期待をかけている東京五輪大会は、実は祝い事に口を挟ませないことによって金儲けをする人たちのビジネスチャンスと考えられます。このような世界的なスポーツ大会というイベントに税金を使うよりも、もっと優先順位の高い税金の使途があると主張することが「非国民」というようなムード的盛り上がりは危険です。そんなことを主張することは景気回復に水を差す行為なのでしょうか。後世のレガシーとなる建築物や町並みを創造する取り組みは人間的と思えますが、国家権力による強制で社会的弱者を追い出す行為、さらに追い出しておいてイベントが終われば知らん顔の政策的誘導は、まさに「パンとサーカス」の愚民政策と考えられます。この空き家・空き地問題も放置すれば「空き自治体」となると煽って、強制的に権力的執行されることには疑問を投げかけられる自由だけは保障できる社会であってほしいと考えます。

16. 買い物弱者を生み出したのは誰か
　　― 杉田聡『「買い物難民」をなくせ！』中公新書ラクレ、2013 年 5 月

第Ⅲ章　人口減少でどういうことが起こるか

【キーワード】「買い物難民」・フードデザート問題・ネットスーパー・外部性・
大規模商業施設・「共同売店」・利便性・規制緩和

　本書は、2008年に『買物難民』（大月書店）を著し、この言葉とともに全国
的な衝撃を与えた著者の高齢者問題への新たな警告書です。行政は言葉が不
穏当として「買い物弱者」なる言葉を生みだしましたが、本質的に何らの方
策も講じられてないとすれば、国から見捨てられた「難民」に等しいと考え
られます。

　都市内であっても駅前に店舗は存在しますが、数百メートル離れただけで
住宅ばかりとなってしまっている現実があります。都市部に住んでいながら、
満足に買い物が出来ない人々が存在するのが日本の現状です。特に1990年代
からの規制緩和とモータリゼーションの進展は、多くの飲食料品店を直撃す
ることになりました。それがフードデザート問題だけに留まらなくなったの
が、市街地大型店の撤退です。すでに大型店進出により住民の社交の場であ
る商店街を潰し、さらに新たなたまり場となった大型店も無くなるわけです。
これが政治難民と同じように、巨大資本の政治力により翻弄された買い物難
民の姿なのです。

　行政もスマホ利用のネットスーパーに力を入れる施策だけでは、問題の本
質を理解したことになっていません。住民と商店街、そして大学の協働が京
都において繰り広げられています。京都女子大は今熊野商店街と連携して、
「買い物応援隊」活動を単位認定の対象としました。中高層の住宅団地では
地域包括支援センターとの連携の下に、商店街による宅配や送迎サービスな
どで、安否確認見守りの機能をも果たすことになりました。地縁的組織であ
る自治会も立ち上がりました。それは「やってあげる」でなくて「やらして
いただく」気持ちで、自らの将来も描けるような「お互い様」の発想です。
外発的に誰かから強制されるようなものではなく、内発的なボランティアの
気持ちです。この気持ちさえあれば、後は仕掛けおよび仕組みの問題です。
人と人との出会いを通じて地域は維持されます。食料品や日用品店舗が連な
る商店街は、事業継続のための収益性確保という内部性とともに、地域の人々
が日常的にふれあう場であるという外部性も有しています。この社会的意義
は、新聞に安売り広告を載せて遠方から客を動員する大規模商業施設には無
いものと考えられます。

43

沖縄の「共同売店」は一世紀の歴史があります。大型店の効率的な進出を
地理的な事情で阻める離島や孤立集落などは、自家用車のための駐車場より
も買い物客同士の社交の場（ゆんたく）の確保を優先することになります。
しかしながら、市民による取り組みは成功するとは限りません。館林（群馬
県）では市民による「まちなか市場」の取り組みが行われましたが、売り上
げ低迷と家賃支払いの重圧によって、二年間で閉店を余儀なくされました。
しかし、この市場が必要な人は確実に存在したのです。辛い思いをして買い
物をしている高齢者に対して、自家用車によって何の苦痛も感じずに多くの
量のまとめ買いをしている青壮年層は、自らにも責任があることを感じてい
るだろうかが疑問になります。前を歩く高齢者にクラクションを鳴らしてい
ます。このような目に合わせる大型店進出を商店街と市民が阻んだ事例もあ
りますが、だいたいの例が企業努力の足りない地元商店街の自業自得である
と思われる結果になります。

　しかしながら、小さくてもよいから近くで買い物のできる商店やスーパー
を維持して欲しいのが、高齢者の希望であると言えます。一方、青壮年層は
遠くても一度に何でも買える大型店の利便性を必要としています。経済的効
率性においては、これらの青壮年層のほうが上得意と考えられます。市民運
動とはこれらの青壮年層が自らの利便性を控えるようにならないと広がらな
いと考えられますが、そんな市民性を持ち合わせる青壮年層は少数であると
思われます。それがために、行政が乗り出さなくてはならないのが当然のこ
となのですが、意識的に大型店進出を阻むような市長は次の選挙での信任が
得られるかどうかが分からないと考えます。これらの取り組みに熱心であっ
た佐藤栄佐久福島県元知事は今では知事ではありません。市民の自由度とは
時には残酷な選択もするのであります。巨大流通資本にとっては、その選択
をした市民による規制緩和は神の声になっています。

＊　　＊　　＊　　＊　　＊　　＊

　市民度の高低という言葉があります。自分のことばかりではなくて、社会
全体のことを考えられるのが、市民社会性という言葉になって市民度が高い
と表現します。自分の年老いた親が重い荷物を持って前を歩いていたならば、
「邪魔だから、どけ」とばかりにクラクションを鳴らすことはないでしょう。
自らの利便性の行使のために不利益や不便を感じている社会的弱者と自分の

第Ⅲ章　人口減少でどういうことが起こるか

親は同じ立場なのです。そのことを感じるだけで十分なのですが、自らを産んでくれた親を親とも思わない若者が存在することは否定できません。また、高齢者が通り過ぎるために停車している車に対して、後ろの車がクラクションを鳴らす光景もよく目にします。

17．都市から生み出される貧困ビジネス
― 長岡美代『介護ビジネスの罠』講談社現代新書、2015 年 9 月
【キーワード】介護保険制度・サービス付き高齢者向け住宅・囲い込みビジネス・
　　　　　「限度額ビジネス」・個人間の契約・貧困ビジネス・設備利用回転率・
　　　　　専門職・看取り・「胃ろうアパート」

　「措置行政から個人契約へ」を謳い文句に始まった介護保険制度は、ここに来て「福祉からビジネスへ」の様相を呈していると考えられます。

　サービス付き高齢者向け住宅が話題となってビジネスモデル化していますが、併設される訪問介護事業所にすべてを任せることが義務化されての入居のようです。介護保険制度では個人が自由に契約事業所を選定できるはずでしたが、その論理はこの囲い込みビジネスにおいては通じないことになります。「気に入らなければ、よそへ行ってください」の強気のビジネスです。それでもそこでのサービスが十分であるならば問題は生じませんが、弱みにつけこまれた「介護漬け」の「籠の鳥」にしてしまうビジネスも見受けられます。まずは事業所側の利益がすべてに優先されるのであって、入居者である利用者はその金儲けのための人質とも考えられないことはありません。

　入居利用者を紹介したケアマネジャーには、違法な一人 10 万円の紹介料が支払われていたという噂もあるぐらいです。しかし、その渡し主が介護保険法による介護事業所ではなくて、単なるサービス付き高齢者向け住宅や有料老人ホームならば、この違法な行為が現行法では違法でなくなる解釈が成立します。そのように介護に対する魂を売ったケアマネジャーには人身売買に匹敵するような罪の意識はなく、利用限度額目一杯の介護報酬を稼ぐ「限度額ビジネス」の共犯者であると言えます。一部のサービス付き高齢者向け住宅では、刑務所並みに外からの持ち物検査も堂々と行っています。これではまったく人権のない軟禁状態と同じです。電話なども取り次ぎませんし、取り次いだとしても聞き耳を立てている状態のところもあるようです。

45

このようなことに対して行政は、個人間の契約を盾にチェックが甘いものと考えられます。社会的弱者である生活保護受給者がこの貧困ビジネスの標的となります。たとえ容態が急変しても個人住宅である建前からは本人が救急車を要請することになります。このような人の道に反した行為も現行法では合法です。では、なぜ介護のための職員が常駐していながら救急車すら呼ばないのでしょうか。その答えは設備利用回転率というビジネスにおける経済的効率性にあります。行政が法的に介入できるのは特別養護老人ホームで、ここへの入所は現在では宝くじの当選確率状態です。サービス付き高齢者向け住宅や有料老人ホームの介護のための職員は専門職とは限りません。専門的な教育訓練なしに間に合わせに現場に出された人たちであるかもしれません。行政の補助金などを期待しなくても、客と人手は何とでもなるとばかりに不動産業者などが金儲けのためのビジネスを展開します。

　これらの業者と共犯者である行政が無届け老人ホームもどきの「静養ホームたまゆら」火災事件を引き起こし、尊い人命を奪っておきながら反省もない状況です。そのような悪質業者に限って、「うちは途中で移ってもらわなくても、看取りまで大丈夫です」と胸を張る善人面をします。医療機関にとっても在宅医療と称するサービス付き高齢者向け住宅は大事なお客様ですが、2014 年の診療報酬改定では同一建物にいる患者への訪問診療報酬を大幅に下げました。その結果、緊急時に来ない医師が増加しているとの報告があります。当たり前の話ですが、診察や治療は医師資格を有する者にしかできない業務独占の仕事です。訪問ヘルパーは禁止事項である身体拘束により突発的事態を防止しなければ仕事にならないときがあります。何よりも時間内に仕事をこなすことが優先されるからです。これらはすべて医療や介護する立場の者の論理です。挙句の果てに医療も介護も放棄した「ドクターズマンション天六苑」という住宅が問題となりました。このような状態は違法な高齢者虐待に該当すると考えられます。ついに大阪市は立ち入り調査によってその実態を暴きましたが、それではこの虐待を受けていた利用者を代替的に収容する施設がないのが現実です。

　福祉に程遠い素人が経営運営する老人ホームもどきでは、そこで被害者となるのは必ず利用者であり、そのようなところに利用者を送り込む福祉行政はまったくの共犯者であると言えます。この問題を突き詰めますと、必ずそれでは誰がどうするのだというところで思考停止となります。現在の「胃ろ

46

うアパート」の実態を考えますと、見て見ぬふりの行政の責任が一番重いのではないのでしょうか。

＊　　＊　　＊　　＊　　＊　　＊

　医療・福祉・教育などの公共性の強い分野には必ず法的な規制があります。口以外のところから胃に直接栄養分を注入する「胃ろう」には介護者を必要とします。入院中に「胃ろう」が施された患者に対しては、安定すれば在宅で行うことを前提に退院を勧められることになります。これにより家族の負担は大きいものとなって、それができる施設入所を考えることになります。そこで「看取り」まで心配不要ですという施設があれば、「渡りに船」状態となります。これが特別な規制もない状態での「胃ろう」対象者ばかりのアパートでも可能となれば、金儲けのビジネスとなります。専門的な施設と相違して食事の世話が不要となれば、ベッドだけで十分ということになります。「胃ろう」状態を脱することや対象者の人権などは考える必要はありませんし、「看取り」まで心配無用という謳い文句も納得できます。しかも、現実に困っている人を救う善意の金儲けとなります。「文句があるなら結構です」との強気のビジネスです。これも行政の棄民政策から発した「貧困ビジネス」と考えられます。

18. 若者の反乱 ── 鈴木大介『老人喰い』ちくま新書、2015年2月
【キーワード】オレオレ詐欺・「プレイヤー」・「ウケ子」・「一番名簿」・「道具屋」・「稼業氏名」

　若者は渇いていると表現できます。隣に老人が水一杯の革袋を大事に持っています。少しの水を若者に分けてやると、若者は新たな井戸を掘ってくれるかもしれません。しかし、老人はその水を自分のことにも使わなくて大事に持っています。若者は老人が死ぬまで待つしかないと考えますが、老人は長生きをします。そこで渇き切った若者は老人の水を奪うしかないと決断します。それがオレオレ詐欺と呼ばれている犯罪です。
　詐欺のシステムは進化して、警察や銀行の注意喚起によっても減ることはありませんし、自分だけは騙されないと考えている老人こそが騙されます。単純なタテのシステムの「金主、番頭、店長、プレイヤー」の序列ですが、警察に検挙されるのは別組織の「ウケ子」と呼ばれる集金店舗で、「金主」や

47

「番頭」どころか実行犯である「プレイヤー」の名が知れることすらありません。それどころかフリーペーパーの求人誌に「営業員募集、電話営業が中心です。手取り月30万円、交通費別途支給」と広告さえ出ている始末です。応募した求職者は初日から芝居に騙される「ブラック研修」によってほとんどが脱落しますが、それを耐え抜いた「エリート」こそが、初めて老人喰い詐欺の実行犯養成研修であることを知らされることになります。この罪を犯しても逮捕されることがないシステムが、さらに足抜け自由な短期決戦の高収入を保証するシステムと相乗的にこの犯罪の志願者としての若者を集めることになります。この犯罪集団では番頭ぐらいまでが不良を自認していますが、一般の「プレイヤー」はゲーム感覚で犯罪意識に乏しい普通の若者が応募によって犯罪者となります。成功報酬の一割を獲得できるのですが、一件当たりの騙し金額が300万円ぐらいと言われていることから、一発ヒットで同年代サラリーマンの月収を稼ぐことになります。

　詐欺には下見調査による名簿がその成否を決定します。名を騙る調査では警察の生活安全課や福祉事務所の老人福祉課を名乗ります。人一倍猜疑心の強い老人から家族構成や同居者の有無、別居者の子どもや孫の氏名・職業、タンス預金の有無、医療や介護サービスまで聞き出すことのできるプロです。この「名簿屋」は犯罪である詐欺とは直接関係はないのですが、詐欺目的の名簿を作成することに専念していることから共犯者とも指摘できます。最近はこのプロの手間が認められて、騙しのための「一番名簿」が価格上昇し、詐欺集団で内製化する事例が多く見られますが、詐欺と名簿は分業するほうが安全に決まっています。

　それでも警察に捕まることがあるのが、足のつく集金部門の「ウケ子」と呼ばれる別組織の犯罪者です。「ウケ子」から平均スリークッションで「箱」と呼ばれる営業店舗に到達するため、捕まった「ウケ子」は詐欺組織のメンバーなどはまったく知らないわけです。しかもその店舗の営業期間は数カ月が限度です。なぜならば、他人名義の営業用の稼業携帯電話は使用料未納で通話を止められるまでが勝負で、店舗の実態が警察に把握されれば元も子もありません。どんなに儲かる優良店舗であっても、その場所で解散せずに「道具屋」と呼ばれる携帯電話提供業者から新たな電話を仕入れて営業を続けることは、警察からの摘発を待っているようなものだからです。つまり、数カ月が勝負で跡形もなく解散し、また一から「プレイヤー」を募集して育てな

くてはなりません。当然のことながら、「プレイヤー」間のコミュニケーションなどは不可です。身元が分かるような会話や所持品も厳禁の犯罪者のプロ集団を数カ月で創り上げなくてはなりません。その「プレイヤー」は数カ月で数百万円の成功報酬を得て、姿をくらますことになります。この世界では同僚と言える要素は「稼業氏名」だけで、当然、自ら家族を含むすべての人々にも黙秘を続けなくてはなりません。その犯罪の職場では運転免許証や自前の携帯電話などは持ち込み禁止です。ひたすら名簿によって電話をかけて老人を騙すことに専念します。これらの電話の主が姿を見せることは決してありません。カネをため込んで使わない老人は「日本のガン」で、世の中の若者にそれを還元するという使命感を叩きこまれるため、詐欺という反社会的なことではなく、むしろ社会的なビジネスと割り切ることを洗脳されます。

　「プレイヤー」は同年代の年収以上を数カ月で稼ぐことになりますが、そのことと比較して同年代のサラリーマンは「貧乏に飼いならされた意識の低い奴」と軽蔑します。また、高額な授業料をとって夢だけを売っている大学こそが、限りなく詐欺そのものと考えるようになります。これらの「プレイヤー」が「出世」して「店長」や「番頭」にならないように、社会的に活躍できる環境を与えることが、これらの優秀な人材の活用なのかも知れません。

＊　　　＊　　　＊　　　＊　　　＊　　　＊

　老人喰い詐欺の犯罪者集団の経営は極めて合理的と考えられます。警察からの摘発を逃れるために、経済合理性を企業経営以上に徹底し、数カ月で違法な金儲けを展開します。すべてが偽名の完全分業制であるため、信じられるのは現金だけです。短期間に詐欺金額を伸ばして損益分岐点を超えなくてはなりません。名簿の仕入れや店舗設備の確保、人材育成にかかる経費を回収しなくてはなりません。すべてが短期決戦で、経営資源としてのヒト・モノ・カネの中の優秀人材すらも使い捨てでないと足が付くのが、堅気でない犯罪企業のマネジメントです。このような優秀な人材を犯罪に手を貸すように仕向けるのは、個人の問題というよりも社会の問題なのかもしれません。

第Ⅳ章　　人口減少社会への対応

　少子高齢化による人口減少を当分の間は避けることはできません。人口が増加していたことから成長し続ける経済を実現することができました。それぞれが金銭的な豊かさを味わうことができて、生活の質も上がったと感じるようになりました。ところが、貧しくても一緒であった社会のほうが良かったと考える人たちも存在します。いわゆる「伸び代」が夢となって、みんな仲間というポエムを生んでいたからです。経済成長が望めなくなった今日では、貧困と格差が社会的課題となっています。それをポエムで隠蔽しようという動きが感じられます。なにか将来に明るいものがあるようなポエムに現実を直視できなくなっています。ここで人と人との関係に金を介在させるのではなく、ＧＤＰなどとは関係のない明るさの光源を探ってみる必要があるように感じます。

19. 行政の「お客さん」化の果てに
　－山崎亮『コミュニティデザインの時代』中公新書、2012 年 9 月
【キーワード】「つながり」・「しがらみ」・「お客さん」・「地縁型コミュニティ」・

　　　　　「テーマ型コミュニティ」・「まちづくり」のハードとソフト・「公共」・

　　　　　コミュニティデザイン

　日本の総人口が減少する 21 世紀は再び「つながり」の中に生きる社会を必要としているように考えられます。「つながり」と「しがらみ」は相違しますが、いずれにしても窮屈なことは間違いないと思います。
　協働の風景が消えていき、行政への対応を求める住民が増加したことにより、行政は住民を「お客さん化」しているように感じられるようになりました。「お客さん」を集めたところが都市であるという認識です。つまり、まちづくりの主役である住民が、行政の言うことを聞く「お客さん」となってい

50

ることが問題と感じているのです。ところが最近では、行政に任しておくことが出来なくなってきました。

これは行政側の事情で、任されてもそれを行うお金がないのです。住民側も「つながり」がまったくなくなることへの不安を抱くようになっています。そこで、「地縁型コミュニティ」に加えて「テーマ型コミュニティ」がクローズアップされてきました。この原因は、「地縁型コミュニティ」が力をなくしていったことに起因すると考えられます。それでは、どんなコミュニティが屋外空間を使いこなすことになるのでしょうか。「テーマ型コミュニティ」の動員力にその回答が隠されています。当然、その動員を担う中間組織も必要となってきます。行政は自治会などの地縁的組織には熱心に関わりを持とうとしますが、テーマ別組織には行政よりも民間の力のほうが動員をかけやすいと考えられ、これらの連鎖が「テーマ型コミュニティ」となります。屋外空間のみならず屋内にもその勢力を伸ばすことが可能であると言えます。

人口減少社会到来は既定の事実で、人口維持よりも減少を前提にした「まちづくり」の先進地が注目されることになります。人口減少の中で存在感を示す取り組みがすでに始まっています。インフラや箱モノといったハード中心の「まちづくり」は終わっていると考えられます。お金をかけての新しいモノよりも現存するモノの活用であると指摘できます。人口減少は空き家や空き地を増加させます。ここでハードにソフトが加わればよいのです。

住民ができることは住民自らが取り組む仕掛けが必要です。まちの中にあるハードやソフトは、住民自身が創り出したという自覚が必要です。「べからず」の「公」は「官」であると言えます。「私」から成る「公」を認識することが重要です。「私」の集まりは「共」と表現されますが、これは「官」や「行政」のことではありません。「つながり」を超える「楽しい仲間」のことです。この「共」が生まれないので、「公共」もないと考えられます。つまり、「公共」は「官」ということになってしまっています。そのような中でも、人々は何らかの「つながり」を求めて「自己」を認識しようとしています。そのデザインが必要と感じるのです。

まずはデザイナーの必要性です。仕掛けを作れる人が必要なのです。まちが活性化することにより「ヒト・モノ・カネ」が集まります。これが経済であり、経営であります。その資源の地域循環においては、地域住民の参加がないと意味がないものと考えられます。かつてのニュータウンは、ハード整

備によるコミュニティの創造であったと考えられます。センターを作るとヒトが集まった時代の産物と言えます。そのことにより地域住民による人間関係を生み出していきました。行政と専門家に住民は従っていればよい時代でした。現在ではもうそれはないのです。現在、人が集まるのは地域課題解決のためのワークショップなどです。これもコミュニティ復活のひとつと考えられます。出入り自由な「テーマ型コミュニティ」が実際に運営されているのです。行政による動員ではなくてボランティアが中心と考えられます。

　人が変われば、地域も変わり、人が育っていきます。「まちづくり」とは地域住民によるレクリエーションと考えてもよいのではないかと思います。補助金より補助人（地域支援員）の活躍なのです。ヒアリング、ワークショップ、チームビルディングと、活動支援の仕掛けは有効に働くはずです。例えば労役流通のための地域通貨が注目されていますが、デザインさえ間違いなければ共助の地域経済は生活にしみ込んでいきます。福祉も教育もコミュニティデザイン次第であると指摘できます。それを担う熱い行政職員がいます。住民がこれらの資源を使いこなせるかにかかっています。

＊　　＊　　＊　　＊　　＊　　＊

　顧客満足という言葉がありますが、行政がサービス提供の主体としてその客体である住民を「お客さん」扱いしすぎではないかと感じることがあります。本来、自治の主体であるべき地域住民を「お客さん」の立場に押し込めることは感心できません。結果に責任を感じる住民を育成することこそが、自治であり自由ということになります。「メニューはこれだけです。お好きなものを選んでください」という行政では、何かジャンクフードを意識的に食べさせられているように感じます。確かに自らの希望によって創る必要もなく、限定されたことから選択するだけでよいということになります。これでよいとそのことを望んでいる住民も多いと考えられます。しかしながら、自らの考えたことを実現していくことこそがデザインではないでしょうか。特に、ハード面でなくてソフト面の人と人との関係性というデザインは、当事者としての私たち住民自身が責任を有して自由に描いてみたいと考えています。

第Ⅳ章 人口減少社会への対応

20. 都市と都会の違い
－阿部真大『地方にこもる若者たち』朝日新書、2013 年 6 月

【キーワード】都会と田舎の間・イオンモール・ノイズ・パラサイト・ダブルスタンダード・
「古い公共」と「新しい公共」・「謙虚な俺様」・防衛的同化・適応的分離

　かつては都会に憧れを持った若者が生まれ育った田舎を捨てて都会に出て
きたと言われていますが、今では都会と田舎の間に出現した魅力的な地方都
市にこもってしまっている現実があります。東京や大阪に対する岡山の例で、
その実像を考えて見たいと思います。

　倉敷市は都会と田舎の間の地方都市ですが、東京・大阪に負けないような
魅力で若者を惹きつけています。つまり、わざわざ東京・大阪に行かなくて
も、倉敷市近辺に住んでいる若者は東京・大阪に匹敵するような魅力を感じ
ることができるのです。確かに若者が余暇を過ごす場所として、倉敷市近辺
では倉敷市にその吸引力があります。それは大阪が遠いので近くで我慢して
いるだけなのかと言いますと、イオンモールさえあれば十分に都会と同じ雰
囲気を満喫できます。自家用車では丁度よい距離になっていて、東京・大阪
に行く気持ちが起こりません。そこに働き口さえあれば、生活するのも地方
都市で十分ということになります。しかしながら、渋谷や原宿での買い物や
ディズニーランド、大阪のＵＳＪには半年に一回ぐらいは行きたいとの願望
はあると考えられます。また、「つまらない地方都市」と「刺激的な大都市」
という二項対立的な見方は過去のものとなっています。

　若者にとっての地方都市は魅力を増しつつあります。つまらないと感じる
のはまさに田舎で、ほどほどに楽しいのが地方都市なのです。しかも、交通
費にかかる分を安心して楽しく過ごせます。ずっと田舎に縛り付けられるこ
とは耐えられないのですが、休日に地方都市に行くことでそれも解消される
のです。このイオンモールに代表される大規模ショッピングモールをどう考
えるかが問題です。若者からすれば、何でも揃っていて便利の一言なのです。
そのような物が溢れている地方都市は好きなのですが、田舎と言われて住ん
でいる地域での人間関係は煩わしいのです。しかし、これが以前のように矛
盾しないのが現実です。

　友人や知人という関係によるつながりで自動車を調達することができます。
何も地域に縛られた人間関係を優先することもありません。地域の年寄りが

なくなると困ると言う地域の商店街も利用する必要性はありません。若者にとっての地域の商店街なんかは「ノイズ」の塊で、そのノイズの人間関係から解放されるために地方都市が利用されるのです。地域には地域の友人と家族が存在するために、地域でのそれ以外の人間関係は単なるノイズとなります。

　しかしながら、その地域で子どもが出来たらどうしようという漠然とした不安は存在しています。その前に仕事を探さなくてはなりません。地域には福祉や介護の仕事がないこともありませんが、その利用者さえもノイズとなる可能性があって危険な関係です。親にパラサイトすることが一番居心地がよいと思われますが、それがいつまでも続かないことも承知の上での選択になります。パラサイトが出来なくなった親はノイズになるかもしれません。

　若者世代は管理による教育で、学校当局に従うばかりです。それで管理されることに慣れてしまって、また、管理される意味が分からないため、管理から解放されること自体が不安になるのです。

　地域社会は衰退していきます。地域の商店街などが衰退するということは地域に残って生活することを阻むのですが、今のところはそんなことに関係がないという不安なのです。労働が脱男性化して男性の優位性が崩れてしまったのが若者の現実です。しかしながら、大人の世界のダブルスタンダードを利用してうまく世渡りをしなくてはならないことも現実で、そのことが将来的に不安なのです。この三つの不安は自分ではどうにもならない不安なのです。刺激がなくてノイズばかりのつまらない田舎は好きにはなれませんが、時間と金を使って都会に行かなくても郊外の地方都市で自らの不安を紛らわすことができるのです。ノイズが嫌である同質性の若者が存在していますが、このことで大人の世界の「古い公共」に代わる「新しい公共」を生むことができるかが疑問になります。いわゆる「謙虚な俺様」が存在しているのが現実の若者の関係性です。これでは集団での自己否定の「新しい公共」には矛盾して、コミュニティなどを創り上げることはできません。若者は防衛的同化でなく、適応的分離のために地方都市にこもるということを覚えたのです。

＊　　＊　　＊　　＊　　＊　　＊

　イオンは文化も創りますと広告していましたが、イオンモールの中は都会の文化です。しかし一歩外へ出ると現実があります。イオンモールでは感じ

られなかったノイズの世界が広がります。地域の人々は自分が生まれてから
現在に至るまでを知っています。「何処々々の何々ちゃん、大きくなったね」
と言われることこそがノイズです。地域でないところの友人や知人を求める
にはキャラを創ります。若者同士のキャラづくりは苦痛を感じませんが、小
さいときを知っている年配者は苦痛なノイズです。近くの地方都市に行けば、
そこでの匿名の文化で緊張は解放されます。その文化をイオンは提供してく
れます。しかしながら、それは偽りの文化ではないでしょうか。物を買う気
にさせる消費文化の中に、若者は自分の存在を確かめています。

第Ⅴ章　本当の地域創生にはどうすればよいか

　「地域創生」とはイメージの中に沈んでいます。誰も明快な定義すらできないままに、イメージだけが先行しています。政策的プロパガンダとして古き善き時代を主張する人を除いて、半世紀前の東京五輪大会当時の地域社会に戻ろうと考えている人はいないと思います。しかしながら現在の状況があまりにも悪いので、少しでもよい方向に振り子を戻そうと考える人は多いものと考えます。現在の悪い状況とは、経済合理性の支配する「今だけ、金だけ、自分だけ」の追求により、「貧困と格差」が顕著になった地域社会が想定されているものと見受けられます。つまり、人と人との関係性に金や物が介在することへの拒否反応と考えられます。しかし、企業中心の社会ではカネが価値尺度となっています。そのような企業の社会的な変革を求めることによって少しでもよい社会にしようとの論理が現実的とされていますが、私はそれは不可能と考えています。企業社会を人権尊重の市民社会へ移行させ、新たに社会的な企業を創造する方策しか残されていないと考えています。多様性と共生による地域社会創生とは、市民社会構築への第一歩と考えています。まさに公務員はこのことを支援しなければならないのです。

21．地方の勝ち組と負け組の選択
－山下祐介・金井利之『地方創生の正体』ちくま新書、2015 年 10 月
【キーワード】「プレミアム付商品券」・地方同士の共食い・補助金・「下僚」・霞ヶ関の官僚・「御用」・「自転車操業」・「地方早逝」

　唐突かつ意識的に「人口減少」「地方消滅」「地方創生」が叫ばれるようになり、さかんに何かを煽っています。このことが真面目に地域において奮闘している人たちの活動を妨げ、地域の市民生活にも害を与えていることになっているのに、その反省すらもなく煽っています。

第Ⅴ章　本当の地域創生にはどうすればよいか

2014 年度末に「地方創生」交付事業が補正予算化されて以来、遅れると他所に取られると言わんばかりに煽っています。あちこちで地域限定の「プレミアム付商品券」が出されました。買った人は得かもしれませんが、その原資が税であることから国民経済的にはゼロ効果と考えられます。買いそびれた人のみが損をすることになる論法に庶民は弱いところがあります。どうして得した人の負担という損をしなければならないのかという感じです。

「地方創生」に便乗して「研究会」や「シンポ」が盛んに行われていますが、それは「地方創生」と称する地方同士の共食い現象と指摘する話は出てきません。人口が確実に減少するということは、国の仕掛けた戦いでは地方が必ず敗れる構造になっています。国の補助金のために自治体は間に合わせの計画を立てなくてはなりません。国や他の自治体を意識した計画で、住民が欲している計画ではありません。自治体は国や県の手先となって補助金獲得のために住民を説伏しなければなりません。住民が考えているような意見では、国や県は補助金対象と考えてくれません。極端に言えば、非人間的なことでも補助金のためには計画する「下僚」を自治体は必要としているわけです。

ところが、補助金獲得のために接点を持っていた国の役人は数年で異動します。再び、次の国の役人のために無駄を承知の計画やり直しです。予算を握っている国の機関でも、現場を理解したような目障りな役人は異動対象にします。そしてその現場にとっては害のあるような自らの保身のみを考えた役人が居座ることになります。そしてその役人は「お前たちはすでに死んでいる。助けてほしければ俺の言うことを聞け」と言うと思います。そこに大学が「地域貢献」と称して悪乗りをする構造があります。

自治体や地域の大学によって、地域住民は自分たちのためではなく、国や市場のために利用される客体と成り果てる構造に嵌ってしまいます。「集権国家」の構造からは、客体同士を競争に駆り立てるような分割統治の構造です。そして余命宣告が中央から発せられます。何かを考えろと、国策であったものを「地方の選択の誤り」として自らは責任逃れを始めます。工学・医学・農学などは、すぐに役立つことを考えた「御用」の科学と言えますが、御用の筋の学者たちが学生を扇動する構造は社会科学系にも及んでいます。学生も住民も得体の知れない権力の手先となっていく構造です。東日本大震災復興予算の 26 兆円などはその顕著な例であります。すでに当事者の手の届かないところに存在していて、国や県ですらも統制が困難になっています。「あり

57

がたく思って、さっさと使え」式のやり方は、被災者支援でもなく、札束で頬をたたき負い目を負わせて尻をたたく劣等感の植え付けにつながります。この大判振る舞いの26兆円は何を目的としているのでしょうか。

　霞ヶ関の官僚は地域の本当の意見は「駄目だ」と言います。「これでは財務省が認めない」「与党が文句を言う」、挙句の果てに「納税者に説明できない」とも言います。つまり自らの認めたこと以外は「ノー」なのです。そうなると、自治体は住民よりも官僚が認めるような補助金計画を上申します。そしてその責任は自治体にあるとされるわけです。大学も資金獲得のため国や企業の喜ぶような研究計画を立てますが、自治体も大学もその成果は数年後に出るようなものではないことを知っています。それを分かりつつ、すぐに役立つ計画として上申する構造があります。そのために「自転車操業」とならざるを得ないことになります。建前では国と対等な立場の自治体や大学には、自らの考えを表現する自由はすでに存在しません。補助金のために国の考えに従うしかありません。

　しかしながら、自治体も大学も自らの意見を言い続けていくべきであると考えます。近代立憲主義とは、為政者が悪いことをするかもしれないので憲法に従った主張を続けることなのであると考えます。その意味からは、にわかに叫ばれだした「地方創生」とは「地方早逝」のことであると言えます。地域におけるガバメントが認められないところにコミュニティは存在しません。共同性があるから意思決定があり、意思決定があるから共同性が維持できると考えられますが、地方にはそれが認められていないのです。

＊　　＊　　＊　　＊　　＊　　＊

　国の補助金獲得のための計画作成には、国の考え、他自治体の動向、前例があったかの三つのことが重要で、現場の住民のためになるかは後回しです。国の出先の役人がそれに便乗して、自らの保身を考える「悪代官」になることは容易に予測できます。「官官接待」が問題になりましたが、予算を握っている者は人事を握っている者よりも強い構造になっていて、「ヒト・モノ・カネ」ではなくて「カネ・モノ・ヒト」を実感できます。「ヒト」は「カネ」を伴わない知恵によって対抗するしかありません。これは言葉の上では簡単な論理と言えますが、実際はかなり無理な論理です。霞ヶ関の官僚のように予算の配分に力を有する層は、実際に現場では仕事をしませんので、国の予算

獲得に熱心になって権限の強さを誇示します。現場の公務員は、住民のためとは言いながらが、給料が同じで仕事が増えることに躊躇逡巡するのは当然の成り行きと考えられます。

22. 公共交通を考える
－宇都宮浄人『地域再生の戦略』ちくま新書、2015 年 6 月
【キーワード】車椅子代わりの自家用車・事業撤退、事業清算・補助金漬け・自動車優先の計画

　自動車なしでは暮らせなくなったのは、交通の便のよい都市ではなくて農村の現実です。中心市街地も空洞化が進み、路線バスの廃止や減便によって自動車なしでは暮らせなくなり、自家用自動車が車椅子代わりという高齢者すらも存在しています。交通に焦点を当てたまちづくり論は数少ないが注目されつつある状況です。

　2012 年 10 月 12 日、岡山県笠岡市の井笠鉄道バスが、突然の事業撤退を表明しました。撤退は 10 月末日ということで、通勤通学や買い物、通院に使用していた定期券も紙くずとなってしまい、たとえ現金還付されても納得できるような状況ではありません。これは全国どこでも民間交通が経営破たんすれば、事業清算の名のもとに起こりうることと考えられます。収益の見込めないバス路線を引き受けるような営利会社などは存在しません。とりあえず大手の中国バスが社内会社を設立して運行を受託するという形で、乗務員もバス本体もそのままでの沿線住民への救済に乗り出しましたが、いずれ収益の望めない路線などは企業努力の名のもとで整理される運命が考えられます。

　マイカー利用者の増加が路線廃止や減便を招き、そのことがさらなるマイカー利用者を増やすことになります。この傾向は全国共通の悪循環で、そのことで困窮するのは社会的弱者です。買い物難民の高齢者が引きこもりとなるパターンであり、下宿生活の若い学生も同じ条件にあります。ただし若者にはネット通販という強い味方が存在します。それならば高齢者も、インターネットのリテラシーを習得することで問題解決となるような単純なことなのでしょうか。ここに補助金漬けの交通事業者の存在が露呈されてきます。補助金漬けにする行政の責任もありますが、補助金削減にて公共交通はこのまま衰退してしまってよいのでしょうか。

　京都市営バスは中心市街地に循環 100 円バスを登場させました。京丹後市

では上限 200 円バスがあります。鉄道では京都丹後鉄道は「上下分離」方式で、乗り放題ファミリーきっぷという斬新なアイデアも可能となりました。欧州では赤字になる路線こそが行政の仕事であるという感覚です。ドイツの地方都市の路面電車は、赤字でも廃止せずに意識的に残されました。その路線がＬＲＴとして復権しています。フランスの路面電車は廃止されましたが、トラムとして復活しています。その過程では市街地に自動車を入れさせないというパーク・アンド・ライドが顕著になっています。自家用車と公共交通は対立する乗り物ではなく、郊外での生活には自家用車が必要なことは認めなくてはなりません。しかし、市街地には自家用車は入れません。フランスの市街地には駐車場を作りませんし、郊外生活者は最寄りのトラム駅でパーク・アンド・ライドです。

　問題は自動車の利便性で、20 世紀では経済を支えてきました。自家用車通勤と公共交通利用の差を時間当たり賃金で比較して公共交通利用者の方が得ならば自動車通勤者は減少するはずです。それ以外にも環境への影響なども計算可能な要素と言えます。さらに、計算できないところでは健康増進のためや手段選択できるメリットが考えられます。公共交通で顔を合わせることによるソーシャル・キャピタルの創造も否定できない要素です。顔見知りの人との会話が公共交通ではできますし、知らない人との出会いもあります。ＮＰＯなどのネットワークへの参加率が小さいのは、一人でハンドルを握るしかない個人的な自動車通勤の一般化にあるのかもしれません。電車が走っているので外出の機会が多くなったという高齢者の報告もあります。公共交通が人と人とのつながりを築くことを否定できません。公共交通単体での営業係数などで評価することは間違いなのかもしれません。公共交通はまちにいろいろなよい影響を与えます。しかしながら、交通が創造する「まちづくり」に対してのソフト面の研究が進んでいないのが現状です。地方創生という総花的な施策においても、自動車が優先されている事実を考え直さなくてはならないのではないでしょうか。

＊　　＊　　＊　　＊　　＊　　＊

　足腰の弱った高齢者にとっては、駅やバス停までの移動も大変です。自家用車の利便性が車椅子代わりとなる高齢者の運転操作の誤りによる交通事故が話題となっています。そのような高齢者に自家用車は贅沢だと言えるので

しょうか。これも市街地の話であって、都会から外れてバス路線のないところでは家に引きこもっているべきと言えるのでしょうか。自動車の利便性が社会的弱者を直撃しています。これらに対する政策を考えるのが行政当局の責任と言えます。政治家の人気取りのような一過性のイベントよりも、永続性のある交通インフラへの投資を考えるべき時期に来ていると指摘できます。

23. 寄り合いの効果－山浦晴男『地域再生入門』ちくま新書、2015 年 11 月
【キーワード】ヨコの関係・「暮らしの専門家」・地域ボス・「寄り合いワークショップ」・
コミュニティの核・「問題解決組織」・「解」と「合意」・行政モデル

　地域が今日のような状況になっている場合、そこでの地域力を再生するしか方法はないと考えられます。それでは、地方消滅に対する地域再生に対して、なぜ住民が立ち上がらなければならないかです。また、地域再生のためには何が必要なのかです。さらに、どうすれば住民が立ち上がれるのかを解明することに尽きると考えられます。結論は、①住民の手で持続可能な地域づくり、②地域経営の手綱を取り戻す、③グローバル化に見合うローカル化を図ること、の三つに尽きます。

　現在の地域の状況は学問の世界と同じようなタテ割りです。それぞれの専門があって、そこで完結してしまうので、ヨコの関係がなくなっています。かつては農協、青年団、婦人会、ＰＴＡ、消防団、氏子組織と横のつながりが豊富にあって、それが地域における教育活動をも担い、それにより次の世代が育って行った経過があります。専門家とは知識・技術に精通した者だけではなく、いわば「暮らしの専門家」も存在していて、そこでのその経験が伝承されていました。しかしながら、消滅が危惧されている暗いことばかりでなく、ＮＰＯなど住民を応援する市民組織の存在などは明るい追い風であると言えます。ヨコの組織と地域での教育の衰退は、地域ボスと称されるタテ糸的人材の減退をも招いています。そこで行政がタテ割り事業を行政的地域ごとに強引に進めるため、ますますヨコによる地域のつながりは寸断されていきます。

　もう「寄り合いワークショップ」を意識的に行うしかない状態であると考えられます。行政は余計なことをせずに、実行組織を下支えすることに徹して地域経営を支援することで十分であると指摘できます。「住民が主人公」「行

政は支援役」という両輪を機能させるには、「地域づくり支援員」のような存在が必要なのです。かつてのコミュニティの核であった小学校などは少子化の影響で減少しています。コミュニケーションが少なくなり、コミュニティとしての連帯感は希薄化していると考えられます。ここで「自治役員組織」と対をなす「課題解決組織」が必要で、このことをなくして地域コミュニティの再構築はないと主張できます。そのための「寄り合いワークショップ」とは、「問題の「解」の創造」と「問題の「合意」の創造」の二本立てであります。

　企業組織では「合意」の創造が甘くても、トップの命令する「解」の創造に従えということなのですが、地域組織では「解」が適切であっても当事者である住民の「合意」が得られなくては問題解決には至りません。このことが重要視されていません。経済成長が鈍化した際に、企業はメーカーからユーザーにシフトしたビジネスモデルを考え出しました。行政モデルも行政から地域住民にシフトしなければならなかったと考えます。現在では行政が変わらなければ地域は死滅すると、行政も住民も心得るべきです。

　学生がファシリテーターとして入り込むことを地域は欲しているのですが、学生の教育と内発的な地域再生を両立させるような人材が不足しています。結論としての①では、高度成長期のニュータウン政策は住民の手では持続できないところとなり、オールドタウン化および廃墟化が危ぶまれています。②の地域経営では地域の特性を考えなくてはなりません。企業経営は利潤追求ですが、地域経営はそれを第一義にはしていない日々の問題解決と目指すビジョンへの方向付けが重要です。コミュニティビジネスとはまさに地域課題の解決を、対価を得て行うビジネスモデルであると言えます。③での経済のローカル化を進めるには、地域における暮らしをいかに産業化していくかの問題で、一定の地理的な経済範囲における自立と循環の問題とも指摘できます。

＊　　＊　　＊　　＊　　＊　　＊

　かつては都市部においても町内会単位の「寄り合い」がありました。現在では自治会単位での「集会」と読み替えられています。前者は「解」と「合意」に力を入れました。「解」は誰もが分かっているのですが、「合意」が困難でもありました。例えば、誰を町会長にするのかなどは、「解」ではなくて

第Ⅴ章　本当の地域創生にはどうすればよいか

「合意」の得られる人を選ぶために時間をかけての「寄り合い」を行いました。引き受けてくれることは分かっていても、「話し合いましたが、あなたしかいません」という誠意を全員で見せることだったと考えます。ところが、自治会長は輪番制によって当番となった役員同士による抽選が公平とばかりに「解」にします。地域をまとめることは誰もができる能力ではないのですが、手段としての「解」が「合意」になってしまって、まとめ役としての資質などは問われないことになります。そのためにいろいろな悲喜劇を生むことになりますが、町会長スタイルの「地域ボス」も少なくなった事実を指摘できますし、そのことが自治会不要論に飛躍することになります。地域へフィールドワークに来た「よそ者」である若い学生が、地域における独特な人間関係、それは感情関係と言えるものかもしれませんが、そのような教室では理解のできない事情を読み取ることは困難と思えます。また、それを指導する教員さえも余程研究熱心でないと見逃してしまいます。さらに、行政と住民の関係では相互に不信が存在し、お釈迦様の手のひらの孫悟空のような住民代表や学者を重宝に活用する愚民化政策では、行政が住民のための自治会に加入しようと呼びかけたりすることも見受けられます。

24.　具体的にどうすれば地域再生するか
　－飯田泰之・木下斉・川崎一泰・入山章栄・林直樹・熊谷俊人
　　『地域再生の失敗学』光文社新書、2016 年 4 月
【キーワード】地域の利益・公共投資と民間投資・「ふるさと納税」・「プレミアム付商品券」・
　　　　　　　クリエイティブクラス・農村回帰・Ｉターン・「マイワールド志向」・通勤時間

　　新進気鋭の研究者や実務家による地域再生論への批判で、理論的というよりも実証的な色彩が強いと感じられます。
　　木下は地域経済振興とはいかにして地域が稼ぐかであるとの持論を展開しています。例えば、地域の不動産オーナーがチェーン店に一階を貸して、それで元が取れるので二階を遊ばせていることは地域の利益ではないと論じています。一階で維持のための家賃を稼ぎ、二階は小分けして資本力の小さい地域テナントに貸せるような工夫が必要と展開します。つまり、大手チェーン店の撤退に備えるとともに地元向けテナントを育てることが地域の利益を生み、その結果として「まち」の価値を上げることにつながると主張します。

63

自治体も地域内の産業を育てることが、大手の誘致よりも結果的に税収を上げることになる理屈をわきまえた施策を考えるべきであると力説します。

　川崎の論法は以下のとおりです。現役世代を惹きつけるのは生産活動の活発化やそれに伴う賃金の高さであるとの観点で論理展開します。補助金によって無理やり産業誘致する官僚的政策には疑問を抱きます。つまり、公共投資がなされても民間投資がなされないことでは地域再生はありえません。制度的規制によって地域を保護すると言っても、アマゾンや楽天などのネットまでも規制することはできません。安くもなくて個性もない商品を陳列した地元商店に人が集まらないのは当然のことですが、そこで行政の補助金による延命策ではなく、自己資金を投資することによって事業継続を図る民間主導が必要と指摘します。官民連携策として目的税方式で資金調達されることは悪くないと考えますが、この方式では「官」が口を出しすぎて「民」の利点を阻むことがしばしば生じます。地域振興とその財源確保を標榜するところの自治体から他の自治体への所得移転である「ふるさと納税」制度や、商品券を買った人限定で得をする「プレミアム付商品券」制度は税金バラマキの愚策であるので、即刻止めるべきであると断言しています。

　入山の論理展開によると、トーマス・フリードマンが経営資源のフラット化により世界は均等化するという仮説を立てましたが、実際はリチャード・フロリダの主張のようにクリエイティブ・クラスが集積する都市とそうでない都市の格差は広がっていると指摘します。これからは高度な能力のある専門職同士のフェース・トゥ・フェースでのインフォーマルな関わりが注目されるのではないかと占います。つまり、誰が何を知っているかが、これから重要なことになってくると主張します。簡単に言えば、魅力ある人を惹きつける魅力に知恵を割かなくてはならないということです。その点では、個人の蛸壺である日本の大学は問題が多くて考えなくてはならないと言えます。

　林の説は以下のとおりです。人口過疎に対して同じ集落の人が集団移転できる方策を、今のうちに考えなくてはならないと説きます。行政的には農村回帰と若い世代をIターンさせると言っていますが、地域が本当に欲している人材は共同体の戦力になれる若者なのです。それなのに農村に移住するような若者は、「マイワールド志向」の人ばかりで地域再生は困難になっていく矛盾があります。人工のまちであるニュータウンにおいても、家を苦労して買った親世代には地域に対するよりも家に対する愛着はあると思われますが、

第Ⅴ章　本当の地域創生にはどうすればよいか

その子ども世代は就職や結婚で親を残して出て行ってしまうことが一般的な
事例として生じています。農村や郊外の将来は暗いものであり、クーラーの
効いた部屋で里山を礼賛しているような人には理解できないところです。自
らが地域消滅を選択したならば、それなりの方策が残されていると考えられ
ます。例えば、集落移転などもその一つと考えられます。

　千葉市長の熊谷は、人口減少に対抗するのは生産性向上しかないと指摘し、
通勤時間が長くなり生活と労働を引き離している政策の貧困であると断じて
います。

＊　　＊　　＊　　＊　　＊　　＊

　通勤時間の経済的損失が問題と言われて久しいですが、都市問題がらみで
解決に至っていません。通勤にかかるエネルギーと時間の損失は経済的数値
化が可能ですが、そのことを指摘することよりも何らかの解決策が提言され
るべきであると考えます。まさに政策的課題なのですが、住む場所は都心の
勤務地より遠くなり、通勤時間も勤務時間も長くなる一方と指摘できます。
かつての都心は下町として住民も存在し、都市の集中・集積の利益をインナ
ーシティで享受していました。やがて都心への移動可能な距離にある郊外に
住むことでも都市の集中・集積の利益を享受できるようになりました。これ
をスプロール化現象と言いますが、都心に残った人々には転居できなかった
社会的弱者が多く存在します。その快適である郊外も、さらに郊外へと広が
っていきますが、都市の集中・集積の利益のほうが郊外へと追いかけるよう
になり、インナーシティに続いて郊外もスラム化する可能性から逃れること
はできません。

25. まちのえんがわ近助力
　－延藤安弘『まち再生の術語集』岩波新書、2013年3月
【キーワード】コミュニティデザイン・「歓喜咲楽」・「私発協働」・「対話共育」・「軋変可笑」・
「モノ・カネ・セイド」・「カネ」よりも「カチ」・物語・「ヒト・モノ・コト」・
パターナリズム・「タンケン・ハッケン・ホットケン」・「いっぷくベンチ」・
「近助」・「縁が和」・「ヒト・クラシ・イノチ」・「ふるさとがえり」・「理念派」・
「実務派」・「思いやり派」・「表現派」・リジリエンス

コミュニティデザインとは日々の安心を目的とし、人と人とが参加つながりを持ち、柔らかで居心地のよい空間づくりをし、時間と空間と人間によってマネジメントされるプロセスを言うのではないでしょうか。「歓喜咲楽（よろこびわらいあそぶ、楽しさと遊び）」「私発協働（自らが主となりまわりとつながる、つぶやきをかたちに）」「対話共育（話し合い、知恵を育み合う）」「軋変可笑（軋みを可笑しみに変える、トラブルをドラマに）」がキーワードです。

　学者や行政職員は「モノ・カネ・セイド」で考えがちですが、これらの制約を問題にする以前に「何がやりたいのか」「何をめざすのか」「かくありたい」という「カネ」より「カチ」を重視してほしいと考えます。まち再生とは物語の分かち合いで、人々が語り合える状況なのです。それには住民一人ひとりに役割があり、価値創造に生きるデザインなのであります。そのデザインとはモノが媒介となる「ヒト・モノ・コト」です。協働ひとつとっても、かつての「公共」が役所のパターナリズムであったことに対して、現在では住民自らのつぶやきから発した対話による協働で、これを「新しい公共」と称しています。関わりを持ちたくなかったとしても参加に引きずり込まれて、人と人との関わりが人間性そのものであると感じます。身体を使って行為することは、それに立ち会う他者との関係で身体的相互行為が成立します。まさに無関心から責任ある参加への意識発展のパターンであると言えます。

　地域の「タンケン・ハッケン・ホットケン」がまち再生の第一歩で、まちの縁側に対するタンケン・ハッケン・ホットケンへの旅物語です。「いっぷくベンチ」を目印に世代を超えた交流が始まります。「モノの豊かさ」が「ココロの豊かさ」志向に変化するのが成熟社会で、空いているところを安心できる居場所にしていく過程です。台湾のアミ族は「自助・共助・公助」の自助と共助をつなぐ「近助」の場があると言われています。この空間こそがまちの縁側で、自然に近所同士の付き合い＝「近助」が始まります。近所の課題は「近助」で解決することになります。「知恵を出せ」と言いますが、これは合意形成の過程と考えられます。まさにデザインを描いているのであると指摘できます。守るのでなく再びやることが重要なわけなのです。この「ふたたび」は、タテの行政任せでなくヨコのつながりでの「縁が和」なのです。

　ていねいに生きようと思えば、「モノ・カネ・セイド」から「ヒト・クラシ・イノチ」にシフトします。地域のタカラのタンケン・ハッケン・ホットケン

とは「楽しいパフォーマンス」で、モノのはかりとココロのはかりのバランスでもあります。この丁寧さが忘れられようとしているのが現代です。これがないと若者の「ふるさとがえり」など望めないことになります。

話し合うには世話役が必要で、「理念派」「実務派」「思いやり派」「表現派」の四つの役割がないと話し合いは決裂になります。協働のための自己犠牲を認める人、営業担当の実務肌の人、相互に認め合える人、物語を伝えられる人など力によって話がまとまってきます。それが「思いやり」どころか「お前やれ」の人ばかりでは、責任のある参加とは程遠いものであると考えられます。とにかく、地域資源は活用しなければならないし、常識や制度的枠組みも取り払う必要があります。まち再生にはリジリエンス（しなやかな復元力）が必要で、硬直的な考えは捨てなくてはなりません。まちそのものの復元力を時間をかけて待つことが必要です。そのうちに一人ひとりの役割が分かってきますし、「喜び」「共生」「意志」が湧いてきます。それを信じて、住民こそが主人公であることを忘れてはならないと主張できます。

＊　　＊　　＊　　＊　　＊　　＊

まだまだ選びたい新書がありましたが、この本を最後に持ってきました。「まちづくり」は物語であることを指摘しています。「ナラティブ」と称しますが、このことが重要なのではないでしょうか。地域創生の意味を何か掴んだような気がするのは私だけでしょうか。みんなが「まち」を創っていると感じることこそが、何よりも大切なことではないでしょうか。今、住んでいる「まち」がじぶんの「まち」で、みんなの「まち」であると自覚できる人がどれだけいるでしょうか。ためしに隣近所の表札名が頭に入っているでしょうか。また、名前を聞いて顔が浮かぶでしょうか。

終章　　地域創生のどこに問題があるのか

コミュニティとアソシエーションの違い

　コミュニティ（Community 地域共同体）には閉鎖性があって、そこに住む者だけに通用する掟による「まつり」があります。「よそ者」が口を出すためには多額の寄付金を必要としますが、そんな「よそ者」の参加を要請しなくても世話役がうまく運営します。一方、私の住む洛西ニュータウンは出入り自由に開放的です。誰でも参加できる「イベント」があります。実行委員会と称する**アソシエーション**（Association 共通目的団体 ）によって実施されます。行政が事務局を担当して、ルールや実施要領を決め予算執行します。専業的に実務を担当する行政職員がいて、実行委員会委員長名により管理統制をします。それでも人手が足りなくて、「若者、バカ者、よそ者」を必要とします。大学生などは学校が単位認定するような協力体制が整えば、格好の労働力となります。物言わずに指示に従ってくれる大学生は、行政にとっては動員されて文句を言う地域住民と比較して重宝な存在といえます。

　コミュニティがあるならば、そこの人しか分からないことばかりです。コミュニティでの常識は他所では非常識なのかもしれません。何も「若者、バカ者、よそ者」が余計な口を出すこともないと考えられます。ところが、そのコミュニティがアソシエーション化します。伝統のある京都の祇園祭の山鉾町において新興のマンション住民も参加要請されることは、従来の山鉾町住民だけではマネジメントできなくなったからで、物理的なコミュニティの崩壊を意味するものと考えます。地域の商店街も本来はコミュニティの中核です。日常生活圏の住民は品ぞろいが悪くとも、また少々値が高くても顧客となりうるコミュニティの構成員でした。それが商店も住民も出入りが激しくなり、住民は商店街の電気屋さんや家具屋さんよりも量販店で購入するようになります。アフターサービスの必要な**耐久消費財**（何年間も使用する商品で、電化製品や家具がその典型）でもそのような状況ですから、肉も魚も

野菜も豆腐もあらかじめパックされて値段の貼ってある商品をスーパーで買うようになります。さらに時間がないのでと、ワンストップショッピングに馴染んでしまいます。そこでは商店街におけるお天気会話はなく、レジにおいて「一万円ちょうどです。ありがとうございます」で完結です。そこは社会性などが入り込む余地のない経済的取引市場で、人と人の間にモノとカネを交換させるだけのアソシエーションと指摘でき、消費のための文化がはびこります。

　地域の年齢別人口構成は国勢調査で作成できる**コーホート**（cohort 同一年齢グループの5年後や10年後の人口を予想できる）で、減少していたならば地域からの流出と考えることができます。つまり、15歳から19歳までの人口が5年後の20歳から24歳では減少していたならば、間違いなく若者流出です。ニュータウンのオールドタウン化とはその現実そのものであり、取り残された高齢者だけのコミュニティはゴーストタウン化の第一歩と考えられます。ニュータウンの人口は減少してもアソシエーション化によって世代を超えるコミュニティとして持ちこたえられるかが問題なのです。意識的に若者を増加させようとするならば大学を誘致することが手っ取り早いと思われますが、その人口が定着するかは別問題と考えられます。つまり、高齢者同士の互助によるコミュニティか、アソシエーションの仕組みによりあらゆる世代や階層が「バラバラで一緒」なコミュニティを創造できるかの究極の選択であると考えられます。

　民間が主体となって公共的機能を発揮することが「新しい公共」と称せられて久しくなりますが、地域の民間資源を発掘開発して観光に生かして地域の活性化を図ると、「まちづくり」コンサルなどの伝道師は主張します。現実にはそのブームが去れば地域の「お荷物」となります。それでも伝道師は何もしないよりはましと考えているのでしょうか。集客力をアップさせても所詮「客」であって「主」ではありません。そのような「客」のためのロケのセットのような「まちづくり」と、「主」によるコミュニティがどのように関連するのかが理解できません。その地域に特化した資源が何であるか、そしてそれを利用した「まちづくり」とは地域による草の根活動であると考えます。わざわざ費用をかけたイベントや箱物においての一過性の賑わいをカンフル剤的に考えるよりも、日常的な商店街の特徴が紹介されての話題づくりのほうが現実的と思えます。それのほうが他所からの客がいなくなれば元に

戻る選択ができるからです。つまり、わざわざ穴を掘ってお金を埋めて、それを掘り起こすことなど必要ないと考えます。とは言っても、地域住民は地元の商店街の活性化や交流拠点としての役割を評価しますが、そのように言っておきながら買い物はスーパーやコンビニで済ませます。地域の商店街は無いよりあったほうがよいし、何よりも現在住んでいるところが寂れることには反対と考えるのが当然です。そのような状況において、昔のようなコミュニティづくりなど夢のまた夢と思われます。顧客としての住民が消費文化としての**経済合理性**（少ない投入で多くの産出を得ること）に支配されてしまっている現実があります。また、商店街も「まちづくり」の核としての社会文化の創造という**社会合理性**（社会的に認められるインパクトを求めること）における評判で近隣からの集客をあきらめているのも事実です。トラックでの行商やボランティアによる露店式フリーマーケットが注目されているこの時期に、売買現場としての消費文化一辺倒でなくて、社交現場としての社会文化も一考に値すると考えます。集客の期待できる地域コミュニティ活動の核としての商店街の復活が、アソシエーション化したコミュニティの起爆剤となると信じています。

コンパクトシティでよいのか

　「選択と集中」という言葉からは、行政的に広がりすぎた地域を経済的効率性においてサービスが行き渡るようにコンパクト化しようというニュアンスが読み取れます。「雪深い冬に年寄り一人がそんなところに住んでいたら、積雪のために救急車も行けませんし、雪下ろしもできずに死んでしまいますよ」という脅迫じみた行政からの「親切」メッセージのように感じるのは私一人でしょうか。それぞれ異なった価値観のそれぞれの人が一緒に地域で生活することを支援するのが行政の仕事と考えます。それを経済的効率性によって「高齢者ゾーン」や「老人向け住宅」を設置することは、生活よりも棲息のための最低条件を押し付けられたように思えるのです。

　行政が「答え」を知っていて、その「答え」に人々を導くことは正しいことなのでしょうか。これから社会参加・社会貢献しようと考えている高齢者に「この地域にて安心して余生を過ごしてください」など、大きなお世話と考えられます。それよりも地域経済活性化の取り組みとしての高齢や女性の雇用を考えることのほうが先決のように思えます。人口が減少する宿命で

終章　地域創生のどこに問題があるのか

あればこそ、これらのことが重要なことと考えられます。それを社会保障費削減のために「選択と集中」と言うのは本末転倒のように思えます。都市の集中・集積の利益を中心部にコンパクト化し、都市機能維持にかかるコストを経済効率化する論理は、中心市街地だけに投資が「集中」される活性化のみならず、「選択」された農村部の切捨てのように感じます。農家の人が都市に住んで農場まで通勤することが常識になるような社会は想像できません。日本全国の各地域の人々が画一的価値において競争して勝ち負けを争うなどということはありえません。各地域にはそれぞれの社会的価値が存在し、それぞれ異なる価値観の人々がお互いを認め合いながら一緒に生活しています。その価値観を一元化しないと補助金の対象にならない行政システムこそが間違いであると指摘できます。国や自治体、さらには企業が呼びかける「社会的に正しい」とされる活動よりも、その地域で自然発生した草の根活動のほうが健全と思えるのです。国や自治体、さらに企業はその支援に徹するべきと考えます。

　それでも経済的効率性による公共投資は一種の所得再分配政策と考える人がいます。しかしながら、「ここで余生を過ごせ」というような一回限りの投資などは地域循環ではなく、それを目当ての営利業者を儲けさせるだけと思います。それよりもその地域で安心して暮らせる仕組みを考えることのほうが重要な政策課題であると思います。それを金がないからといって、生きた人をモノ扱いにするような政策が公共的と言えるのでしょうか。単に地域全体をマイナス効果に陥れているようにしか思えません。地域のイメージアップのために行政主導のぬいぐるみの「ゆるキャラ」に力を入れている裏で、このような人権無視が行われていることには憤りを感じます。高齢者が安心して住み続ける地域をマネジメントできていることこそが、「ゆるキャラ」以上に地域のイメージアップに貢献すると考えます。このような行政主導の「ゆるキャラ」は、言い過ぎかもしれませんが、**愚民政策**（政治に関心を向けさせないために、人に「パンとサーカス」を与えるような政策）の一種と考えます。

　最近、「無縁社会」とか「孤独死」という言葉が新聞の活字に踊っています。100歳以上の所在不明者も存在します。おそらくどこかの時点で死亡された身元不明者であると考えられます。外部との関係を有しない高齢者の末路は厳しいものがあります。孤独（loneliness）と孤立（isolation）は相違するもの

71

と考えられます。問題は後者のほうで、家族や近隣住民との接触がないことは社会的な課題と思われます。家族については、いずれ誰かが一人暮らしにならざるを得ない状況が生じます。近隣住民の誰かに友人の役割をしてもらえるようにカネで買うことなど不可能です。自家用車を所有していない高齢者は半径 500 メートルが日常生活圏と考えられますが、昔のコミュニティが分断された現在では、正月の三が日を孤立してテレビとともに暮らす高齢者は少なくないと考えられます。**孤独な群衆**（社会学者リースマンはその著作において、他人指向型の社会的性格により群衆の中での孤独を意識する不安が生じると説いた）現象は都会にこそ問題化します。「選択と集中」のコンパクトシティにこそ、その落とし穴があるわけです。高齢者の孤立は地域でのソフト面の取り組みで、ある程度は解消されると考えられます。例えば、健康づくり活動への参加などは有効と考えられています。お互いの家を行き来できる知人友人を地域で創る必要があります。さらに、その対象者が亡くなられた時のケアも必要となります。そのためには、支援者が「おせっかい」と言われても入り込めるような仕組みが必要と考えます。地域の「おせっかい」役がいないからといって、個人的にカネでその保障を買ったり、行政の公助に期待することだけでは十分ではありません。総合病院が隣にあるから安心というわけではないのです。

　コンパクトシティ化よりも高齢者の眠っている能力を生かしての社会参加が重要と考えます。横石知二氏は徳島県上勝町で葉っぱビジネスを立ち上げた㈱いろどり代表取締役社長で、示唆に富んだ内容を説いています。例えば現在の安倍政権の地方創生政策は、「地域で地域活性化の知恵を出しなさい。補助金を差し上げましょう」ということで、賛否両論があっても千載一遇のビジネスチャンスと捉えています。農業しか産業のない地域では後継者問題が大きくクローズアップされていますが、予算獲得のために根拠の無い非現実的な成果を提示する行政に問題があると言えます。予算を獲得した後には、事業を頭を下げてやっていただける農家を探す仕事が最大の難関で、地域の行政関係者は板ばさみになって「うつ病」になる職員もいると囁かれています。人間関係で何でも進む田舎では、何でもタダが常識です。損をするような仕事は誰もしませんが、損をしても地域のためになると思わせることが重要と説いておられます。

　高齢者に関しては収入があれば年金は減額されますが、それ以上に元気に

なれるという自力本願を植えつけることが到達点です。高齢者ほど「健康」や「元気」という用語に敏感です。その地域にしかできない仕事を創り出すと、自らの「出番」と「役割」を意識し始めることになります。「社会の役に立っていてカネにもなる」ことは理想とも考えられます。徳島県上勝町で葉っぱがカネになることをタヌキでなくて高齢者が実践したのです。発想の転換により常識を覆す取り組みはソフト面での労力が必要です。行政サイドでは目に見えるハード面の取り組みのほうが常識なので、どこの地域も成功しているところの事実として真似をしますし、それの伝道師であるコンサルは悪意ではなくて結果的に地域を潰すことをメシの種にしています。つまり、他所が真似をする頃には本家の事業は傾きかけているのが現実です。この伝道師の「ここでならば成功するはずです」は、まさに「悪魔の囁き」と考えられます。そこで残されたハード建物が「お荷物」となります。ハードが整ったならば、その運営というソフトが必要です。その地域でのソフト面における小さな成功体験こそが真似をしなければならない真実なのに、他所でのハード面における大きな成功体験に事実として目を奪われます。事実でなくて真実が必要なのです。

　当たり前ですが、産業としての農業はボランティアでなくビジネスです。行政の補助金によって継続している事業はビジネスとは言えません。儲かる仕組みが必要なのです。そしてそれは経済的効率性において集中すればよいというものでもありません。環境保全に熱心な人は自然環境に負荷のかからない燃費の悪い高い価格の自動車をあえて購入します。つまり、金儲けは地域創生の手段に過ぎず、「地域の利益」を自己実現することにその内実があるように思えますし、その説を支持します。ドラッカーは組織における「位置」と「役割」と言いましたが、地域においては「出番」と「役割」を意識的に創ってやらなくてはならないという横石説は支持できます。行政は他所の真似をしての説明会やまちづくり協議会設置でのアリバイ作りや、地域の人間関係にしがらみの無いコンサルに丸投げすることで、その実現を意識的に遅らす手はずを考えます。すぐに実行すればよいものを計画の段階での報告書作成を遅らすことにより、その報告が現実と乖離して計画の練り直しとなることを承知しているからです。これではカネを使っての役所としての仕事はこなせても、地域には何らの利益も生じません。結局のところは人口を金で買ったり強制移住させることよりも、「量より質」「カネよりヒト」で「選択

と集中」説を乗り越えることができると信じます。

地域は競争しなければならないか

　各自治体が「ふるさと納税（個人住民税の一部を任意の自治体に納めることのできる制度。一種の寄付行為として税額控除され、しかも各自治体からの返礼品が競い合いになっている）」制度のように競い合って、勝ち組と負け組みを作る必要はないと考えます。小さな自治体が、国がバックにいる大きな自治体と自治体間競争をしても、それは所詮デキレースと考えます。人口争奪レースでは「選択と集中」をバックにした大きな自治体が必ず勝利します。また、大きな自治体のほうが行政的な納得を得る説明に長けています。

　強者と弱者が同じ土俵で競い合うとプロレスの**バトル・ロイヤル**（複数のレスラーがリング上で闘い、最後に残った者が勝者となる形式）のように作戦によって二位になれたとしても、最後に残った強者によって弱者は叩きのめされます。予算担当者は短期的に数値的成果を求めます。長期的視野でのソフト事業は予算要求の時点ではじかれてしまって、補助金対象や予算化されることはありません。そのために他所で予算化された成功事例にしたがって予算要求して、結果的に失敗してしまいます。大都市に対する地方都市が予算獲得に成功しても所詮失敗なのです。「おせっかい」を得意としていた住民がいなくなり、自治体主催で「大きなお世話」の「婚活パーティ」などが開かれていますが、それよりも「おせっかい」の復活のほうが重要課題と考えます。同じ競い合うならば、「おせっかい」競争をしてもらいたいものです。少なくとも自治体主催の「婚活パーティ」は「おせっかい」を駆逐することになると考えます。

　弱者が強者に勝てるとすれば、発想の転換が必要です。口コミの「おせっかいパーティ」などでは、行政はあくまで支援に徹するべきと考えます。行政が関与していると見られること自体が問題なのに、スーパー公務員みたいな職員が脇役から主役となって活躍します。また、それを評価することは一種の「地域潰し」と考えます。「おせっかい」な人を育成すること、そしてその仕組みを考えることが自治体の仕事と思えますし、地域の人材を育てることが補助金というカネにすり替わっているように思えます。人事行政において職員に仕事をさせるマネジメントの本質が、競争しての管理強化に適応させることと入れ替わっているように思えます。職員はあくまで地域支援のた

74

めの「補助人」であって「管理人」ではありません。競争を煽ることの最終
局面が「選択と集中」となります。まさに自治体間競争とは**ショック・ドク
トリン**（ナオミ・クラインが著した書で、惨事に便乗して金儲けをすること
と、大変なことになると煽って金儲けすること）だと考えます。

　現在は需要よりも供給が多いために、価格を下げても売れることはないと
言われています。さらにこの個人消費が冷えた現代においては、ある商品を
買いたいと思っている人に関心のある情報をすばやく発信することが、売れ
ることにつながることは誰でも分かっています。それがための情報戦が熾烈
を極めます。知らない人から電話やメールが届き、買ってほしいとの情報が
もたらされます。外に向けた一方的な情報発信ではなく、双方向な情報共有
が勝負を決めます。自治体も前述の「ふるさと納税」では勝敗を決める競争
の渦中に存在します。そればかりかそれを手がかりに自治体のイメージアッ
プ戦略が練られ、挙句の果てに「ゆるキャラ」の登場となります。この努力
によって、自治体住民の生活は向上したのでしょうか。草の根的な住民の活
動は否定しませんが、そのようなことのために広告代理店やコンサルに税金
が使われることに正当性があるのでしょうか。本当に供給を上回る需要が創
出されたのでしょうか。一言で言えば、小さな自治体の税金が広告代理店や
コンサルの所在する大きな自治体に吸い上げられたのではないでしょうか。

　まちを一つの会社に見立ててマネジメントを考えれば、そこで資金調達を
し、投資し、回収して利益を上げ、それをさらに投資をするサイクルが健全
であるべきです。このことを「地域の経営資源を域内に循環すること」と言
います。

　初期投資の資金がないなら、行政の補助金などに頼らずに地域住民で出し
合わなくてはなりません。行政と掛け合っても路線バスが来なかったら、**コ
ミュニティバス**（自治体が運行する自治体バスもそのように呼ばれることも
あるが、本来は地域住民が自らの必要性のために運営するバスと考えられる。
その存在理由からして、高齢者や障がい者も乗りやすい構造でなくてはなら
ない）の発想となります。このように「市民主導・行政支援」を徹底するこ
とが「まちづくり」の基本と考えます。行政はお釈迦様の手のひらに乗って
いて管理が可能な市民活動を秩序化します。このような行政の出すぎた真似
は行政責任というよりも、地域住民の自立を妨げることになると考えます。
つまり、行政による行政活動のアリバイ作りのための補助金によって市民活

動に介入することにより、本来の草の根市民活動を潰しているのが現状です。

　自治体間競争においては一過性のイベントで競い合うことがよく目に付きます。「ギネスの挑戦」などはその典型で、バカらしくて誰もしないことが世界記録達成となります。これを税金を使って行う意味が理解できません。それよりも地域に密着したことを地域住民が資金を出し合って行っていることを評価すべきと考えます。行政が表に出なくとも、市民主導で草の根事業が成立していることを潰さないように支援することが行政の役割と考えます。その草の根活動同士が連携して競い合うことでは勝者も敗者も生まれません。すべて「地域の利益」になるわけです。これで成功すれば、必ずこれを食い物にする伝道師が出現します。その伝道師の言っている成功事例を自治体が宣伝することには賛成できません。なぜならば、その自治体自体が食い物にされているからです。伝道師の出現は悪いことではありませんが、それを食い物にされることだけは警戒しなければなりません。地域の競争とは奪い合いでなく、競って分かち合うことであると考えます。

地域をマネジメントする

　まず、「まちづくり」がうまくいかないことの原因が何であるかの因果関係を解き明かさなくてはなりません。「選択と集中」において消滅すると騒いでいることよりも、何ゆえに消滅すると指摘されるのかの因果関係の解明が重要です。人口が減少する地域は消滅するとの論理は因果関係ではなくて相関関係に過ぎません。消滅する根拠が子どもを産める女性が減少するからとの相関関係ならば、何ゆえに子どもを産める女性が減少するのかの原因の究明が必要で、その相関的事実だけを捉えて消滅につなげるのは根拠に乏しいと考えます。地域をマネジメントする当事者としての発想や行動をさておいて、寝そべりながら「行政は何とかせよ」では白紙委任したことと同じと考えます。問題は女性が子どもを安心して産める環境が整っていないことと考えます。これを補助金によって「産めよ、増やせよ」では、女性に対する冒瀆に過ぎないと考えます。そもそも男性女性という表現は生物学的なものでなく社会文化的なものと考えます。生物学的には子どもを産める能力は雄にはなくて雌だけのものです。その後に、女性に負担のかかる状況は社会文化の変革によって是正されなくてはなりません。それも含めて、「まちづくり」のマネジメントと考えます。男性も女性も当事者なのです。

終章　地域創生のどこに問題があるのか

「まちづくり」のために社会的企業というビジネスモデルが注目されていますが、この「社会的」と「ビジネス」は一致しない場合が多いと考えられます。ソーシャルビジネスと称して晴れた日に傘を貸すようなビジネスなど存在理由が見つかりません。だからと言って、雨の日に傘をある時払いで言われるままに貸していたならば、それは一過性の慈善事業で継続性がありません。そもそもＮＰＯは利益のために存在しているのではないし、本当に困っている人々が利用できないようなビジネスモデルは社会的ではありません。基本的に料金は費用を上回るものでないと継続性はなくなります。また、費用を過度に圧縮するようなことでも継続性がありません。さらに、料金設定が困っている人が利用できる限度を超えてしまっては社会性が問われることになります。金儲けが見込まれるところにはソーシャルビジネスの出る幕はありません。そうでないところにこそ、ソーシャルビジネスの生きる道があるわけです。今困っている人を今困っていない人が助け合う趣旨からは、一人ひとりでは少額の寄付金もしくは会費を多くの人々に出してもらえる仕組みが必要となります。それこそが「まちづくり会社」で、行政からの補助金で継続性を保っている会社などはビジネスではなく公社に過ぎません。それでもその組織に携わっている人々が生活できる反対給付があればよいほうです。つまり、日本では難しいといわれている事業型ＮＰＯという考え方です。

最近、学生ボランティアが注目されていますが、これもその趣旨を理解せずに突入すれば、単なる「**囚人労働**（労働コストを考えなくてもよい囚人に課される強制労働。転じて、何らかの強制力を有して労働力提供を強いること）」と変わりません。やはり、専門性を維持するには納得ずくの社会人**プロボノ**（専門者として職業としている者が、その分野の職務を無報酬で行うボランティア）が必要となってきます。つまり、マネジメントを職業として専門に行なっている者がボランティアとしてマネジメントに加わってくれるようになるのが理想型です。しかしながら、営利会社のマネジメントにおいてはそれ相当の報酬を給付するので困難性も少ないのですが、ＮＰＯなどボランティア組織のマネジメントには構成員の合意が一番に必要なために高度なマネジメントが必要となり、コミュニケーション能力が問われることとなります。当初は心が一つの連帯も数年もすれば変化します。ましてや地域の「まちづくり」においての連帯となると、対立して分裂することのほうが普通と言えます。対立はしても分裂しないように調整できるのがマネジメントです。

77

地域の「まちづくり」にはその拠点が必要です。現在に至るまでその拠点は行政官庁と考えられていました。その常識は行政の財政事情によって覆るものと考えられます。そうなると、つぎの拠点は情報の集まる公設図書館などが市民活動団体の連携場所になるように思えます。公設図書館は公営とは限りません。地域の市民が運営するコモンスペースが理想ですし、その方向性に進みつつあります。常識を覆せば、市民がおしゃべりをしに来る図書館も不思議な存在ではありません。病院が高齢者サロン化しているならば、図書館がそのようになるほうが健全と考えられます。病院と図書館の共通項は非営利事業であるということではないでしょうか。さらに開かれた大学も地域課題の解決を時間を掛けて解決することが許される拠点ではないでしょうか。そこで地域の大学の図書館が一番相応しい拠点ということになります。この図書館の評価は「利用者数」や「貸し出し冊数」ではありません。世代を超えた人々が出会える敷居の低い目線ではないでしょうか。大学の研究者のための図書館機能とは別に、市民企画コーナーなどを設置して資金や情報の提供とともに運営に関わってもらえるような工夫が必要と思われます。それでこそ学生は「生きた」学問を手にすることができると考えます。

　「まちづくり」と称して公営住宅などの団地が出現しました。整然と区画された団地こそが「まちづくり」の象徴でもありましたが、同時に棲息する合理性に侵されて、生活する人間性を潰してしまったように思えます。エレベータのない中層住宅の上階に住む階段の上がり降りが困難な高齢者にとっては「階段のない中層住宅」と同じとなることなどは当初から予想されていましたが、公営住宅でありながら、対象者の転居を進める施策はそれまでの人間関係を潰すような人権問題に匹敵すると考えられます。かつての団地には政治的関心や文化的関心の高い人々が、その土地に縁もゆかりもない人々の**ボンド**（bond 接着、結合）のような役割をしていました。その人々は「遠・高・狭」の集団住宅を敬遠して、さらに高級感のある住環境のところへ転居していきました。もともと親子四人の団地サイズに家族数を合わせるような住宅政策が間違いだと考えます。当時の標準世帯の需要に対応したと言えば聞こえはよいですが、男女兼用の水洗トイレが常識となって平日の朝は大変だったとの話を聞いたことがあります。この時点ではコンクリートの厚い壁によって私生活は保障されながら、地域社会が成立できる一種のコミュニティを形成していたと考えられます。銭湯での裸の付き合いはなくても、子ど

もの通う学校が付き合いの拠点となりうる状況でした。ここに少子高齢化の嵐が吹き起こります。物理的に経済的な棲息環境のみでは、社会的に人間的な生活環境を保障することはできません。コミュニティを成立させる条件はある程度の閉鎖性にあります。その閉鎖性が最小単位の一人になっては、コミュニティの復活などは夢物語です。行政はまさにアパートの管理人のような管理を描き、家賃収受以外は関与しない姿勢です。これを見捨てられた高齢者切捨てと称します。地域自治と言いながら管理を試み、福祉充実と言いながら地域自治に任せると言います。これでは行政に物申す人材が育ちません。かつての地域自治会は単なる住民親睦団体ではなかったのですが、専業主婦の終焉とともに生活拠点での進歩的取り組みは影を潜め、保守性の強い高齢世代の地域ボスの復活となります。

　いまや「まちづくり」は「若者にも魅力のあるまち」を標榜しながらも、本音は「老人が安心して暮らせるまち」です。各地で居場所づくりが流行になっています。つまり、プライバシーとセキュリティだけの「**ケア・コンパクトシティ**（2025 年に 75 歳以上の後期高齢者が爆発的に増加する。これに対してコンパクトに介護ができるように高齢者の集中した「まちづくり」が必要という説）」が最後の砦なのかに疑問を有します。一人だけでコンパクトに暮らすならば、日常生活圏に病院、公共機関、金融機関、文化施設、飲食店もあるショッピングセンターなどが揃っているラストリゾートで目的達成です。それが人間的な生活と言えるでしょうか。60 歳代を老後と考えて、死を待つ世代だとは誰も考えないでしょう。しかしながら、75 歳になるまでに棲息できる場所を考えなくてはならないという説には説得力があります。さらには、ケアについて介護保険のような社会保険制度で運営するのでよいのかも議論の余地のあるところだと考えます。ましてや、介護予防給付が自治体による「生活支援総合事業」に移管されるとなると、地域をマネジメントできる人材の重要度が増すことになると考えます。

地域創生のまとめにならない「まとめ」をすると

　地域福祉においてはＡＤＬ（Activities of Daily Living　食事、更衣、移動、排泄、入浴などの日常生活に不可欠な動作）よりＱＯＬ（Quality Of Life　人生における社会的生活を営む上での質）と言われています。それが今流行のサービス付き高齢者向け住宅が受け皿では、極端な場合、そこへの財力のな

い人々においては**介護殺人**（介護する側が何らかの理由で介護に耐え切れなくなって対象者を殺害すること）も起こりかねない状況です。双方に人権が有することを考えれば、「医療」「介護」「商業」「住宅」などを一体化したケアが行政の責任においてなされなくてはならないと考えます。それがハード面の「まちづくり」に対する「まちづくり」のソフト面と考えられるのです。それがために介護保険制度による地域包括支援センターが設立されました。しかしながら、みんなの「まちづくり」とは何かを考えれば、高齢者や障がい者だけのための「まちづくり」などありえないと断言できます。

　団塊世代のために開発されたニュータウンはオールドタウン化し、団塊世代とともにゴーストタウンとなって消えようとしています。これを長い目で考えれば、農村であったところが人工的に都市化されて、再び農村へと戻っていく過程なのかもしれません。その団塊ジュニアも中年に突入しようとしていますが、生まれ故郷のニュータウンに戻ってくるようには思えません。なぜならば、子どもが親の世話をするような行政的に都合のよい現象は期待するほうがおかしいと思えるからです。そうなると団塊世代同士の助け合いの「まちづくり」となります。現在のニュータウンすら、現在の農村と同様に「選択と集中」の対象となります。「まちづくり」とはコンクリートの構築物を造ることではなく、地域の人的なマネジメントになります。「まち」とは私有財産としての構築物の集まりではなく、社会に共通な資本の集合といえます。みんなの「まち」としてのコモンズなのです。

　地域創生策として若者を囲い込むことなど愚策以外の何物でもありません。共同体の一員としての若者を期待している地域に、我が道を行く若者が**田園回帰**（若い世代が農村に移住すること）しても、ミスマッチで地域創生など幻想に過ぎないことが解明されつつあります。また、人口減少によりその密度が低下したために行政コストが生じるという論法は本末転倒と思えます。効率のよかった公共交通が赤字になったため、運賃値上げや路線廃止を考えるということでは、必要な人に必要なサービスを提供する公共事業の否定となります。赤字のバス路線だからこそ自治体がマネジメントする必要があると考えます。そしてその行政での結論が、住民をコンパクト化する「まちづくり」では棲息空間の確保と変わりません。まずは人と人とのネットワークを濃密にすることが必要で、それは空間や時間に縛られたハード面の考え方では解決しません。

終章　地域創生のどこに問題があるのか

　人と人とのネットワークと言いますが、そのネットはワークしてネットワークなのです。誰でも他者と一緒にいたいという感情がある一方で、他者からの干渉は拒否するといった**アンビバレント**（ambivalent　相反する感情が同時に存在すること）な感情があります。はじめからの「**お一人様**（社会学者の上野千鶴子は人間社会の単位は「ひとり」であるとし、金持ちよりも「人持ち」であることを主張する）」は家族に期待することはできませんが、そうでない者は最後には家族に期待します。つまり、家族や妻に依存する男性は「ひとり」を前提にした生活や社会の設計ができず、「ひとり」同士の助け合いの実感が乏しく、高齢者としての発達不全と思える者が多く存在します。面倒を見る家族や妻が存在するうちは社会問題として表面化しませんでしたが、この「お一人様」状態の者への処遇が「まちづくり」においても表面化しつつある状態です。人とうまく付き合えない悩みなどは古くて新しい問題です。これは高齢者ばかりでなく、若者にも就活におけるコミュニケーション能力を学校において教えなければならない状況になっています。今までは社会性がなくても協調性があれば十分でした。害にも益にもならない者が重宝されましたが、これからはマネジメントにおいて害を益にしていかなくてはなりません。高齢者に関しては学校が存在しませんので、ボランティアによる居場所に期待です。一部ではボランティアは高齢者の自立の機会を奪っているなどと言われていますが、本来は本腰を入れなくてはならない行政の取り組みが遅れていて、その仕組みも不完全ながら支援活動を地域のボランティアに頼らなければならないのが現実です。やっと、地域の「まちづくり」においてのボランティアを育成する考えが行政にも浸透してきましたが、その原因が自らの財政不足を補うため、安価な受け皿としてのＮＰＯ支援ならば、行政責任の放棄と何も変わらないと思われます。今まで会社人間と言われた者は、地域にとっては害でも益でもありませんでした。今では地域の害と言われるところまで来ています。これらの団塊世代に「地域の利益」のために参加・参画してもらえる仕組みが必要です。

　「選択と集中」の論理によって、ある地域を淘汰し、一方である地域をビジネスがしやすい環境に集中しようという政策には賛成できません。淘汰される地域の「空き」こそが「資産」であると考えます。空き家を放置しておけば地域のゴミとなると言われていますが、その空き家が多くなるとゴミの「まち」となるわけで、「空き」を「負債」として考えることを改めなくてはなり

81

ません。売れない、借り手がない空き家を行政によって地域の核とする取り組みが遅れています。「まちづくり」における**小売業の外部性**（小売業を営むということは、そのことによって直接的に便益を受ける者が存在する事実が付随する）を考えれば、私有財産への不介入を盾としてシャッターの下りている店舗を放置する行政は、その無作為を責められないことが不思議に思えます。

　「まちづくり」「ひとづくり」「ことおこし」に関しては三つの貴重な失敗を経験しています。それは「市場の失敗」「政府の失敗」「ＮＰＯの失敗」です。**モラルハザード**（moral hazard　倫理観、道徳観の欠如）が「コモンズの悲劇」を生んだとも称されています。「市場の失敗」とは競争原理の市場ゆえの欠陥のため、公共的なところへの民間投資が控えられることです。利潤が少なくて不経済と思われることはやらないか、または政府にその処理を任せます。ブラック企業と称されるところでは従業員は単なる費用で、そこで使い捨てられた人の面倒は政府の仕事とされ、貧困と格差が社会問題化してきました。この市場での解決困難な問題に政府が出動します。そこでの「政府の失敗」とは、限られた財政であるにもかかわらず、有力な政治家の声を優先します。つまり不公平がまかり通って、極端な場合には公共財受注の際の汚職の温床となり、やがて私腹を肥やして財政は底を尽きます。その結果、自らの必要を自らで行おうとするＮＰＯが台頭してきます。ところがこの「ＮＰＯの失敗」も存在します。助け合いのための資金を負担せずにサービスを受ける**フリー・ライダー**（free rider　供給のための費用を負担せずにただ乗りする者）の存在によって、特定の個人の負担で継続しているＮＰＯが目に付くようになります。その者が本当に助けを必要としている者ならば、ＮＰＯ本来の助け合いの趣旨に適った活動ですが、そうでない場合には本当に助けを必要としている者に対する取り組みが不十分となり、この篤志家の財力とともに運命を共にするＮＰＯが出現します。この状況を「コモンズの悲劇」と称し、自ら所有する牧場の牧草があっても共有地牧場の牧草を自ら所有する家畜に食べ尽くさせる行為になぞらえます。今すぐにもソフト事業を開始しなければ、「まちづくり」「ひとづくり」「ことおこし」にも同様なことが生じようとしています。功利主義的な消費文化に毒された私たちは、「それをして何かメリットがありますか」という問いかけをすぐにしてしまいます。つまり、自分の利益を中心に考え、「地域の利益」に目をつぶります。

終章　地域創生のどこに問題があるのか

　時間経過ではいつもと何も変わってない24時間の大晦日から元日にかけて、動物にとっては餌にありつけるかどうかのいつもの一日の始まりが、人間にとっては「おめでとうございます」と言うのが社会的文化です。クリスマスケーキや餅を食べる習慣は純粋な社会的文化というよりも、それを売ろうとする大きな力を感じる消費的文化なのかもしれません。これもよく売れたユヴァル・ノア・ハラリの『サピエンス全史』の記述に、小麦は自らに有利な形にホモ・サピエンスを操ることによって至る所に存在するものへと変わったとの表現があります。私たちが農業革命による人類の文化の反映と考えていたことが、人類にとって食料にできる動物を家畜化した社会文化と同様のことが、小麦という植物は人類を家畜化することによってなしえたのかもしれません。その小麦によるパンを食べなくては生きられないとの思いは、人類が編み出した消費のための文化で、朝から晩まで小麦の世話をさせられているとも考えられます。「まちづくり」とはみんなの「まち」を創造することですが、この「まちづくり」も「地域創生」の掛け声における消費的文化に冒されているように思えなくもありません。少なくとも、私たちが「地域創生」の奴隷的家畜に成り下がらないように願って筆を置くことにします。

あとがき

　2017年、一国の政権交代と言うだけでは済まされない新アメリカ大統領の就任があり、「トランプ現象」が世界にどのような影響を及ぼすかで、世界は戦々恐々となっています。同じく2017年秋、中国においても「チャイナセブン」と呼ばれる新しい政治局常務委員の選出があり、二期目の習近平体制がどうなるかが論議の的となっています。これも中国14億人だけの問題では済まされない、世界に影響が及ぶと考えられます。そして日本では、安倍政権が総選挙に打って出るのではないかと囁かれています。

　「新しい公共」や「地方創生」と地方分権を匂わせるような公約がありますが、要するに財政的裏づけが困難なために地方にお願いするという「中央集権の分散化」にすぎないと考えられます。地方における人材育成のためと称して、地方大学などに「地域○○学部」などが目に付くようになりましたが、地域社会の信頼を得るような全学的取り組みがなされていないように感じられます。例えば介護保険制度の変更により、自治体や地域に丸投げされる「介護予防・日常生活支援総合事業」が全国的な課題となっていますが、地域の大学が積極的にこのような地域研究に乗り出しているという話を聞きません。極端に言えば、地域大学による外部からの競争資金導入のための地域研究と、本当に地域住民が欲している地域課題解決のための研究が乖離しているように思えるのです。

　なぜこのようになったのかは、近代日本の政治経済の歴史を辿って、さらにそれより派生させられた人為的な社会性や文化性の中身に触れてみなければ、解明できないのは自明の理と考えます。ところが、現代社会における急激な少子高齢化はその余裕すら与えてくれません。個人的に財を蓄えて「強い個人」と称する自助力で自分自身を守るしかないと考えている地域住民も多いと思います。そうではなくて、大きな政府による福祉国家建設、つまり公助力を質的に高める政治的な取り組みを心がけている地域住民もおられます。そして最後の選択肢として、人と人とのつながりがカネやモノを介さずに可能な地域社会づくり、お互いが助け合える共生地域社会構築の共助力に期待される地域住民も少なくはありません。

　簡単な話に還元しますと、地域がみんなのために「地域の利益」を求められるように、地域のことは当事者意識を有して自立的に決定できる住民で構

成される社会が重要になってくると考えます。それは市民中心社会と称する考えですが、かつての京都などはコミュニティとしての地域共同体が存在していました。それは社会性と言うよりも世間体で、住民と地域が均衡していたように思えます。時代は変わって現代においては、世間体によるコミュニティの再生は困難と思えます。それでは完全に個人の合理性によって自立したのかと考えますと、私の住むニュータウンでもそのようなことではなく、ＮＰＯなど市民活動を担うテーマ別のアソシエーションによって自立支援がなされています。ＮＰＯは決して個人の自立を妨げているような存在ではなく、自助や公助で補えないところに不完全ながら共助力を発揮しています。ニュータウンも自然な農村が人工的に都市化して、長い期間を経ながら再農村化する過程にあるのかも知れません。私は「カネ」持ちでも「モノ」持ちでもなく、「人」持ちの市民社会を創ることを、「微力ながら無力ではない」ことを信じて、ＧＮＰに影響の無い活動をしています。

〈 付記 〉

　本書を 2016 年 8 月 20 日に逝去された京都経済短期大学増田和夫先生に捧げることをお許し願います。先生の亡くなられる数カ月前に、「医者に駄目だと言われた。誰にも言わないつもりだけれど、学生の面倒をお願いします」と打ち明けられました。私は「そんな気弱なことを言わずに治療に専念すべきです」とお応えしました。「いやっ………」と沈黙が続きました。先生は「まちづくり」「ひとづくり」「ことおこし」には人一倍強い情熱を持たれていました。そのために話が大きくなって、失礼ながら、いずれのお話も「話半分」でお聞きしていました。「学生を 50 人連れて行く」「それは無理ですよ」「何で無理なんて言うのか」という感じでした。言い出したら引かない性格をよく自覚しておられ、「いつも無理を言ってごめんね」と繊細な感覚もお持ちでした。今想えば、純粋な「熱血漢魂」で学生のためになることは何でもやる見本のような先生でした。先生は京都経済短期大学が意味不明な「デザイン」とか「キャリア」という用語に惑わされてはいけないという調子で、尋常でない愛校心の強い口調での突っ込みにたじたじとした私は、それが足りないとお叱りの激励を受けておりました。私などは「ソーシャル」と「ビジネス」は二律背反ではないかと議論を吹っかけ、経営学視点と経済学視点の違いなどを話し合っていました。これから異彩を放つ『増田理論』の実践をというときに、早すぎる死を悼み謹んでご冥福をお祈り申し上げます。

◇著者紹介
三宅 正伸（みやけ まさのぶ）

1950 年 京都市生まれ
専　門　　人的資源管理論、公共経営論、共生地域社会「まちづくり」論
現　在　　京都経済短期大学非常勤講師
経　歴　　大阪市立大学商学部卒業、同志社大学商学部卒業、龍谷大学経営学部経営学研究
　　　　　科博士前期課程修了、大阪商業大学大学院地域政策学研究科博士後期課程単位取
　　　　　得退学。元京都市職員（税務・労務・農政・経営指導・保険福祉などに勤務）。
　　　　　社会活動　龍谷大学社会科学研究所客員研究員、龍谷大学大学院経営学研究科京
　　　　　都産業学センター客員研究員、京都市市政研究会エコノミスト'81 幹事、NPO 法
　　　　　人京都社会文化センター理事、NPO 法人洛西福祉ネットワーク理事、NPO 法人
　　　　　洛西文化ネットワーク理事、NPO 法人京都もやいなおしの会理事、社会文化学会
　　　　　（事務局長）、保護司、竹の里社会福祉協議会会長。

主な著書・論文
《著書》
『関係性と経営』（共著）、晃洋書房、2005 年。
『共生地域社会と公共経営』（共著）、晃洋書房、2010 年。
『社会経営学研究』（共著）、晃洋書房、2011 年。
『新書から学ぶ公務員の教養力』（単著）、晃洋書房、2013 年。
『ディーセント・マネジメント研究』（共著）、晃洋書房、2015 年。
『自治体経営の人的資源管理』（単著）、晃洋書房、2016 年。
《論文》（2013 年以降）
「松下幸之助のマネジメント」『社会経営学研究』第 11 号、2013 年。
「島津製作所の人事労務」『龍谷大学・京都産業学研究シリーズ　島津製作所』第 1 巻、
　2013 年、晃洋書房。
「「津波てんでんこ」のマネジメント的解題」『京都経済短期大学論集』第 21 巻第 2 号、
　2014 年。
「島津製作所」『龍谷大学・京都産業学研究シリーズ　京都企業の人事労務の論理と実際』
　テーマ別研究第 1 巻、2014 年、晃洋書房。
「渋沢栄一から松下幸之助へのマネジメント」『社会経営学研究』第 12 号、2014 年。
「企業の共生思想」『市民の科学』第 7 号、2014 年、晃洋書房。
「地域人材を育てる教育」『京都経済短期大学論集』第 22 巻第 3 号、2015 年。
「学生とともに学ぶ公共経営」『京都経済短期大学論集』第 23 巻第 2 号、2015 年。
「教育と研究の間にある人間性」『社会経営学研究』第 14 号、2016 年 3 月。
「地域産業政策における社会的企業の位置と役割」『地域産業政策研究』創刊号、2016 年 3 月。
「誤解のマネジメント岩崎弥太郎」『京都市市政研究会エコノミスト'81』第 13 号、
　2016 年 3 月。
「社会貢献地域連携事例報告」『京都経済短期大学論集』第 24 巻第 1 号、2016 年 7 月。
「洛西ニュータウンのコミュニティ創生推進は可能か」『社会文化研究』第 19 号、
　2017 年 1 月、晃洋書房。

＜連絡先＞
〒610-1145 京都府京都市西京区大原野西竹の里町 2-3-101
メール　mmiyake612@s7.dion.ne.jp

『市民の科学』バックナンバーのご案内

『市民の科学』バックナンバー購入のご希望は、下記振り込み先まで。
必要事項（送付先、冊数等）を記入の上、直接ご注文ください。送料無料で送付します。
問い合わせ先：eメール shiminkagaku@gmail.com）
振替口座：00910-0-226071 市民科学研究所

第1号	2009年5月	市民による科学へ	(1,500円)
第2号	2010年6月	大学の病理 ——大学破壊とその受容、そして再生——	(1,500円)
第3号	2011年7月	つながりを創る ——共生的自立・自律への探求——	(1,500円)
第4号	2012年1月	原発はいらない ——共生社会の市民科学——	(1,500円)
第5号	2012年7月	市民のマネジメント	(1,500円)
第6号	2013年7月	プレモダンにおける日本のマネジメント	(1,000円)
第7号	2014年7月	共に生きる思想	(1,200円)
第8号	2015年8月	責任倫理から共生倫理へ——ヴェーバー生誕150年——	(1,200円)
第9号	2016年9月	大学人の危機	
		——市民から負託された「学問の自由」と「大学の自治」——(1,200円)	

「新書」から考える公務員の地域創生力
－公共の仕事の視点を変える力－

| 2017年4月30日　発行 | 定価　本体 1,000円（税別） |

著者　　三宅　正伸

発行　　市民科学研究所
　　　　〒600-8458　京都市下京区油小路通松原下ル樋口町
　　　　京都社会文化センター内
　　　　e-mail　shiminkagaku@gmail.com
　　　　振替口座　00910-0-226071 市民科学研究所

発売　　株式会社 晃洋書房
　　　　〒615-0026 京都市右京区西院北矢掛町 7
　　　　電　話 075(312)0788　FAX 075(312)7447
　　　　振替口座　01040-6-32280

ISBN978-4-7710-2905-7　　　編集協力　　アジェンダ・プロジェクト
　　　　　　　　　　　　　　　印刷・製本　（株）コミュニティ洛南

JCOPY　（社）出版者著作権管理機構　委託出版物）
本書の無断複写は著作権法上での例外を除き禁じられています.
複写される場合は, そのつど事前に, （社）出版者著作権管理機構
（電話 03-3513-6969,　FAX 03-3513-6979,　e-mail:info@jcopy.or.jp)
の許諾を得てください.

よびかけ：市民科学研究所 設立趣意書

　現在、私たちの暮らす社会には、深刻な問題が次から次へと発生しています。海外からの輸入食糧によって私たちの「食の安全」が脅かされています。「ワーキング・プア」といった新たな貧困層が拡大しています。都市部への人口集中によって地方の農村が衰退しています。その他、企業不祥事の頻発や格差社会の進行、さらには地球環境破壊の問題等々、私たちの生活を取り巻く環境は、日に日に深刻さを増しています。

　私たちは、このような状況をただただ見守るしかないのでしょうか？このような状況を少しでも改善する方法はないのでしょうか？私たちは、このような状況を生み出している根本的な原因を解明し、その解消に向けた取り組みが必要なのではないでしょうか？

　近代の社会は、大量生産－大量消費－大量廃棄といったサイクルを繰り返す中で、人々に「物的な豊かさ」をもたらしてくれました。しかし、その過程を通じて私たちの生活は、企業の作り出す「商品」で溢れ、今や企業の作り出す「商品」なしではごく普通の生活を営むことすら困難になっています。また、私たちは企業で働き、生活の糧を得ています。企業の一方的な都合で解雇され、生活の糧を失い、路頭に迷う人々もたくさんいます。今や私たちの生活の大部分は企業活動に依存しています。しかし、その企業活動のコントロールや監視は私たちの手から離れ、ごく一部の人々によって行われるようになりました。

　本来、国民の安心や安全を守るはずの政府も、グローバリゼーションの下での政官財の癒着に束縛され、国民のニーズとはかけ離れた論理で動いています。政治家・官僚の利権を守るために行われる不必要な公共事業によって膨大な借金を続け、私たちの子孫にツケを「先送り」しています。社会の矛盾を見いだすはずの科学（科学者）も、「専門化」と「分断化」を背景にますますタコツボ化し、「何のための科学か？」という根本的な問題が忘れ去られているような気がします。むしろ、科学研究（科学者）までもが企業や政府によってコントロールされつつあるように思われます。

　今、私たちは、現代社会のあらゆる課題や社会システムそのものを「生活者」の視点から捉え直し、その問題点を指摘するとともに、その解決に向けた方策を考えていく必要があるのではないでしょうか？

　市民科学研究所では、今日の政治や経済のあり方、企業経営のあり方、文化のあり方、さらには社会システム全体をも問題化し、よりよい社会（市民社会）の構築に向けた解決の糸口を探る取り組みを行います。そのような活動を通じ、「市民のための科学（市民科学）」の確立をめざしたいと思います。

2009 年 1 月 25 日

市民科学研究所　刊行物

中村 共一『なぜ、共生倫理なのか？―社会と市場経済―』

共生の倫理をテーマにして、市民運動と社会科学とを繋ぐ！

＜定価：1200円（税別）＞

- 第一章　倫理問題とは何か
　　　　　――体制責任論――
- 第二章　「固有価値」か、それとも…
- 第三章　資本主義の生産力と倫理 ①
- 第四章　資本主義の生産力と倫理 ②
　　　　　――原発とは何か――
- 第五章　なぜ、共生倫理なのか？
- 第六章　個人倫理から共生倫理へ

篠原 三郎『"大学教授"ウェーバーと"ホームレス"マルクス－Tさんへ「現代社会論ノート」―』

篠原理論の新たな展開と「市民の科学」が担うべき倫理と知性を教示！

＜定価：1200円（税別）＞

竹内 貞雄『技術における倫理―原発技術の不能性と共生のマネジメント―』

原発技術の不能性を説き、技術の倫理と共生マネジメント論を提起！

＜定価：1200円（税別）＞

竹内 真澄編『水田 洋 社会思想史と社会科学のあいだ―近代個人主義を未来へ貫く―』

水田洋氏への渾身のインタビュー　氏は語る！

＜定価：1000円（税別）＞

青水 司『原発と倫理問題―反原発運動前進のために―』

反原発運動に資する倫理問題を提示！

＜定価：1000円（税別）＞

重本 直利『ディーセントマネジメント―マネジメントの貧困からいかに抜け出すか―』

人間らしい労働のために、人間らしいマネジメントを求めて！

＜定価：1200円（税別）＞

三宅 正伸『「新書」から学ぶ公務員の教養力―公共の仕事の流儀を変える力―』

公務員を目指す人、公務員になった人が仕事を見直すための方法論！

＜定価：1000円（税別）＞

発行：市民科学研究所　　発売：晃洋書房

お問い合わせは「晃洋書房」もしくは「市民科学研究所」
（メール：shiminkagaku@gmail.com）まで

＜社会問題を考える雑誌＞

季刊 アジェンダ —未来への課題—

既刊のご案内　　各号　定価 500 円＋税

第 56 号（2017 年春号）特集　原発利権を突き崩す

- ●インタビュー　武藤 類子さん（「ひだんれん」共同代表）
  原発事故は一度起きたら終わらないんです
- ●インタビュー　佐原 若子さん（核燃サイクル阻止１万人訴訟原告団）
  ＜青森から＞　原発の問題を都会に住む人にも考えてほしい
- ●伴　英幸（原子力資料情報室共同代表）
  深刻さを増す福島原発事故の後始末
- ●建部　遙（ヒバク反対キャンペーン共同代表）
  福島第一原発事故のもたらした被ばく労働　－現状と問題点－
- ●宮崎　寛（「ストップ・ザ・もんじゅ」スタッフ）　もんじゅの廃炉決定と新高速炉計画
- ●松久保　肇（原子力資料情報室・研究員）　日本の原発輸出―苦境に立つ原発メーカー
- ●朴　勝俊（関西学院大学総合政策学部教授）電力システム改革下の原発コストと原賠制度
- ●【レポート】　福島県環境創造センター　交流棟「コミュタン福島」見学報告
- ●【レポート】　「避難の権利」の保障を！―福島県交渉参加報告

第 55 号（2016 年冬号）
特集　東アジアに「平和」の共同体は創れるか

- ●インタビュー　伊波洋一さん（参議院議員）
  戦争しない流れを作り出すことがとても大事です
- ●インタビュー　服部良一さん（元衆議院議員）
  緊張・対立から対話に向かう政治の転換点は必ず来る
- ●孫崎　享（東アジア共同体研究所所長）
  米国は同盟国・日本を守らない―安倍政権の対米追随外交を問う―
- ●前田　朗（東京造形大学教授）ヘイト・ジャパンを超えて　―共生と寛容は見果てぬ夢か
- ●佐野通夫（こども教育宝仙大学教授）　不当な現実が「日常」化する朝鮮学校をめぐる現状
- ●梶谷　懐（神戸大学大学院経済学研究科教授）
  日中間の経済交流　－過去から何を学び、どう未来につなげるか－
- ●【集会報告】　～日韓「合意」は解決ではない～　アジアの「慰安婦」被害者たちは訴える！
- ●＜グラビア＞　ソウル 2016 年 11 月 12 日　パク・クネ下野を求める民衆の総決起

【アジェンダ　ブックレット】

尖閣諸島（釣魚島）問題はどう論じられてきたか
—日中国交正常化・平和友好条約交渉過程の検証—

倪　志敏　著

2016 年 8 月 1 日発行　A5 判　64 ページ　定価 800 円＋税

　尖閣諸島の領有権をめぐって、1970 年代の国交正常化交渉や平和友好条約交渉の過程において、日中政府間でどのようなやりとりが行われていたのか？　日本国内の世論はどうだったのか？
　戦後日中関係に関する中国人研究者である著者は様々な資料にもとづいて詳細に検証しています。

《アジェンダ・プロジェクト》
〒601-8022　京都市南区東九条東松ノ木町 37－7　TEL&FAX　075-822-5035
e－mail：agenda@tc4.so-net.ne.jp　　URL：http://www3.to/agenda